मैनेजमेंट सीखें महात्मा से

Learn Management from Mahatma

[एक कॉरपोरेट अनुभव]

विजय जोशी

राजकमल प्रकाशन
नयी दिल्ली पटना इलाहाबाद कोलकाता

आभार :
श्री योगेश मंत्री
के प्रति जो इस विचार-यात्रा
में मेरे सतत सहयोगी रहे हैं।

राजकमल पेपरबैक्स में
पहला संस्करण : 2009
पहली आवृत्ति : 2013

राजकमल पेपरबैक्स : उत्कृष्ट साहित्य के जनसुलभ संस्करण

राजकमल प्रकाशन प्रा. लि.
1-बी, नेताजी सुभाष मार्ग
नई दिल्ली-110 002
द्वारा प्रकाशित

शाखाएँ : अशोक राजपथ, साइंस कॉलेज के सामने, पटना-800 006
पहली मंजिल, दरबारी बिल्डिंग, महात्मा गांधी मार्ग, इलाहाबाद-211 001
36 ए, शेक्सपियर सरणी, कोलकाता-700 017

वेबसाइट : www.rajkamalprakashan.com
ई-मेल : info@rajkamalprakashan.com

मुद्रक : बी.के. ऑफसेट
नवीन शाहदरा, दिल्ली-110 032
द्वारा मुद्रित

आवरण : राजकमल स्टूडियो
रेखा-चित्र : श्री संतोष जड़िया

मूल्य : ₹ 95

MANAGEMENT SEEKHEN MAHATMA SE
by Vijay Joshi

ISBN : 978-81-267-1765-1

NATIONAL YOUTH PROJECT
राष्ट्रीय युवा योजना
221, DD Upadhyay Marg
New Delhi-110002

D. S.N. SUBBA RAO
DIRECTOR
Tel. : 23222329, Fax : 23236734
e-mail : nypinda@hotmail.com

महात्मा गांधी एवं मैनेजमेंट

गुरुदेव रवीन्द्रनाथ ठाकुर ने एक बहुत सार्थक व्याख्या दी है– 'महानतम व्यक्तित्व उतने ही सरल होते हैं, जितना कि महानतम सत्य।' यदि किसी को इस रहस्य से पर्दा उठाना हो कि गाँव का एक साधारण सा बालक जिसमें युवावस्था के दौरान महानता के कोई लक्षण विद्यमान नहीं थे, कैसे इतना महत्त्वपूर्ण हो गया कि स्वयं प्रो. आइंस्टीन को कहना पड़ा– **आनेवाली पीढ़ी कभी यह विश्वास नहीं कर पाएगी कि इस धरती पर कभी गांधी जैसा व्यक्तित्व भी हुआ करता था**, तो यही साधारण-सी उक्ति इस सत्य को प्रकट करती है कि गांधी अपने जीवन व विचारों में बेहद सरल, सादगीपूर्ण तथा साधारण थे।

वर्तमान दौर में प्रबंधन विषय पर अनेक पुस्तकें लिखी गई हैं और उनमें भी महात्मा गांधी पर अधिकाधिक लोग लिख रहे हैं। फिर भी प्रबंधन की गांधीवादी पद्धति पर लेखन के लिए विजय जोशी जैसे प्रतिभाशाली की आवश्यकता थी। यह अद्भुत समन्वय तथा समायोजन है।

बी.एच.ई.एल. जैसी संस्था में समूह महाप्रबंधक रहे विजय जोशी की सोच वास्तविक व मौलिक है। उन्हें ज्ञात है कि विचलित मस्तिष्क के बजाय एक संतुष्ट, प्रसन्न एवं शांतचित्त व्यक्ति अधिक उपयोगी होता है। दरअसल मैं, श्री जोशी तथा उनके अभिन्न मित्र श्री कासलीवाल के संपर्क में उनके महाप्रबंधक होने के कारण नहीं, बल्कि उनकी सांस्कृतिक आयोजनों में रुचि के कारण आया। उन्हीं के आग्रह पर मैंने बी.एच.ई.एल.

की प्रथम यात्रा भेल व्याख्यानमाला के उद्घाटन हेतु की। मुझे पूरा विश्वास है कि उनके अभिनव सोच ने उत्पादन को भी गति प्रदान की होगी।

विजय जोशी प्रबंधन विषय पर लेखन के लिए प्रसिद्ध हो रहे हैं। पाठकों की मांग पर उनकी पुस्तकों के कई संस्करण प्रकाशित हो चुके हैं। मुझे विश्वास है, इनकी इस नई पुस्तक की भी भारी मांग रहेगी।

गांधी के दौर में भारत में अनेक देशभक्त थे एवं उन सबमें गांधीजी सर्वश्रेष्ठ वक्ता थे। सरोजिनी नायडू कविता में बात करती थीं। पंडित जवाहरलाल नेहरू के भाषण कानों के लिए सुमधुर संगीत के समान होते थे। डॉ. राधाकृष्णन की विद्वत्ता तो बेजोड़ थी। लोग उनके भाषणों की प्रशंसा करते थे, लेकिन जब वे गांधीजी को सुनते थे तो यह सोचते हुए लौटते थे कि वे भी केवल वही करें जिसके लिए गांधीजी ने कहा था।

और यह इसलिए था कि गांधीजी अपनी अंतरात्मा की आवाज के अनुरूप कार्य को अंजाम देते थे। जब भी उन्होंने कोई घटना देखी तो अन्य लोगों के समान केवल विचार बनाने के बजाय जैसा होना चाहिए वैसा ही कार्य किया। पुस्तक **Unto This Last** ने उन्हें इस बात के लिए प्रभावित किया कि जीवन जीने के अनेक बेहतर और उत्तम तरीके मौजूद हैं। उन्होंने पुस्तक की केवल प्रशंसा ही नहीं की वरन् सरलता, सादगी एवं अहिंसा के मंत्र को जीवन में अंगीकार किया। गरीबी को अपनी आँखों से साक्षात् देखने के पश्चात् गांधीजी ने गरीबों के प्रति मात्र सहानुभूति व्यक्त करने के बदले जीवन को उनके जितने नजदीक ले जा सकते थे, उतना ले गए। उनके जीवन का यही आध्यात्मिक विकास था कि वे धोती-कुर्ता त्यागकर लंगोटीनुमा वस्त्रधारी बन गए।

यदि हमारा हर नागरिक अपनी अंतरात्मा की पुकार सुनकर सही काम करने का आचरण अपने जीवन में अपना ले तो फिर देश में नैतिक मूल्यों की इतनी गिरावट कैसे रह पाएगी!

मुझे विश्वास है कि श्री जोशी की पुस्तक हमारे नागरिकों को सही कार्य करने की प्रेरणा देते हुए देश को भ्रष्टाचार के अभिशाप से मुक्त कराने में सहायता देगी तथा ऐसे नैतिक मूल्यों की स्थापना करेगी जिन पर हम गर्व कर सकें।

मैं श्री विजय जोशी की पहल का स्वागत करता हूँ तथा उन्हें उनके मिशन में सफलता की कामना करता हूँ। भारत इस पुस्तक से समृद्ध ही होगा।

राष्ट्रीय एकता युवा कैंप
थलास्सेरी, केरल
दिनांक-15 मई, 2008

(एस.एन. सुब्बाराव)

NATIONAL YOUTH PROJECT
राष्ट्रीय युवा योजना
221, DD Upadhyay Marg
New Delhi-110002

D. S.N. SUBBA RAO
DIRECTOR
Tel. : 23222329, Fax : 23236734
e-mail : nypinda@hotmail.com

Mahatma Gandhi and Management

Gurudev Rabindranath Tagore made a meaningful statement, "The greatest men are simple, even as the greatest Truths are." If one were to search for the secrets of how a simple village boy, who had never shown any signs of greatness in his youth, became so prominent that Prof. Eienstien would say that **generations to come would scarce believe that such a one as Gandhi ever lived on earth**, the simple revealation would be that Mahatma Gandhi was simple in life and thought.

Then he had his strongest weapon : TRUTH. Mahatma Gandhi did not only worship Truth, but he acted Truth. Truth is for action and action based on Truth leads to righteousness, which in turn results into human happiness.

Innumerable books have been written on Managment in recent times and so too, more and more authors have been writing books on Mahatma Gandhi. And yet, it needed the genius of a Vijay Joshi to write a book on the Gandhian Way of Management. It is a wonderful combination.

Even as Group General Manager in the Bharat Heavy Electricals Limited, Shri Vijay Joshi was original in thinking. He knew that a contented, happy and peace minded worker will turn out more than a disturbed mind.

In fact, I came into close contact with Shri Joshi and his valued friend Shri Kasliwal not as General Manager of BHEL, but as organiser of Cultural Programmes. They took me to BHEL and got me inaugurate the Lecture series. I am sure their new vision would have enhanced the amount of production in BHEL.

Shri Vijay Joshi is becoming a popular writer of books on management. His other books have seen many editions on demand by readers. His new book will be in great demand, I hope.

During Mahatma Gandhi's times, there were many patriots in India and Gandhi was by no means the best orator of them. Sarojini Naidu spoke almost poetry, Pandit Jawaharlal Nehru's speeches were like music to the ears and Dr. Radhakrishnan's erudition was unparalleled. People admired their speeches. But when they listened to Gandhiji, they went home thinking that they must do what Gandhiji asked them to do.

And that was because, Gandhiji acted as dictated by his own conscience. When he saw a situation, his did not, as many others form an opinion, but acted as needed. When the book **'Unto This Last'** convinced him that there was a richer and nobler way of life, he did not merely appreciate the book, but adapted his life to fit into a simple, non violent life. When he saw poverty face to face, he did not just express sympathy for the poor, but adopted a life that was close to the life of the poor. It was a spiritual development in his life when he was changed from his elaborate 'dhoti-kurta' into a famous 'loin cloth' dress.

If citizens could inclucate the spirit of action according to the dictates of conscience, then how can there be so much moral turpitude in the nation?

I hope Joshiji's book will inspire our citizens to right action and help free India from the curse of corruption and set moral standards of which we could be proud.

I welcome Shri Vijay Joshi's initiative and wish him success in his mission. India will be richer by the book.

(S.N. Subba Rao)

National Integration Youth Camp
Thalassery, Kerala
May 15, 2008

विजय जोशी
VIJAY JOSHI

8/SECTOR-2, SHANTI NIKETAN
(NEAR CHETAK SETU)
BHOPAL–462 023

अपनी बात

द्वापर का एक बड़ा रोचक प्रसंग है। लौकिक जीवन के अंतिम क्षणों में कृष्ण जब देह से विदेह हो रहे थे तो उनके स्मृतिपटल पर केवल राधा की छवि अंकित थी। अस्तु उन्होंने अपने प्रिय बालसखा उद्धव को यह गुरुतर भार सौंपा कि उनके निर्वाण का समाचार उसी राधा तक पहुँचाएँ, जो उनकी सर्वाधिक प्रिय थी।

उद्धव भारी मन से किसी तरह चलकर संध्याकाल गोकुल पहुँचे। उनकी सारी रात बगैर पलक झपके आँखों में कटी। रात के अंतिम पहर यमुना में स्नान किया और भारी मन से जैसे-तैसे पूरा साहस जुटाते हुए जब वे राधा के समक्ष उपस्थित हुए तथा कृष्ण के धरा त्याग का समाचार अवरुद्ध कंठ से सुनाया तो वह जोर से हँस उठी और कहा–कृष्ण और मृत्यु! हे उद्धव! यह कैसी अजीब-सी बात तुम कर रहे हो? तब तो बालसखा होकर भी तुमने कृष्ण को नहीं जाना। क्या तुम्हें गोकुल के कदंब, पेड़, पत्ते, कुसुम, लता व पक्षियों की चहचहाहट देखकर भी यह नहीं लगता कि कृष्ण तो इन सब में व्याप्त हैं? अरे, वे तो कण-कण में समाये हैं और जो ऐसा है, वह भला मृत्यु को कैसे प्राप्त हो सकता है?

इक्कीसवीं सदी में इस समग्र दर्शन का एकमात्र जीवंत, जाग्रत तथा सार्थक उदाहरण केवल महात्मा गांधी का है। गांधी व्यक्ति नहीं, विचार थे। एक ऐसा विचार, जो समूची मानवता को जीवन का नया दर्शन देकर प्रस्थान कर गया। वह बादलों में ढँके सूर्य के समान कुछ समय के लिए दृष्टि से ओझल तो हो सकता है, किंतु छुप नहीं सकता।

लेकिन अफसोस की बात तो यह है कि उनके विचारों को जीवन में अंगीकार करने के बजाय हमने उन्हें पोस्ट कार्ड और नोट पर छापकर अपने कर्त्तव्य की इतिश्री कर ली। चौराहों पर लगे बुतों को साल में एक बार

धुलवाकर माला पहनाते हुए स्वयं को सच्चा देशभक्त व धन्य मान लिया। वर्ष के शेष दिन तो वे केवल पक्षियों के सखा बनकर रह गए।

हमारी त्रासदी यही है कि हम अच्छाई को अच्छाई मानते हुए उसका यशोगान तो करते हैं, लेकिन आचरण में उतारने से परहेज करते हैं। हमारी यही दोहरी मानसिकता आज ऊपर से साधन संपन्न लेकिन अंदर से खोखली व्यवस्था के लिए जिम्मेदार है।

सच्चे व अच्छे प्रबंधन के क्षेत्र में गांधी से बड़ा कोई गुरु हो ही नहीं सकता। उनके जीवन के छोटे-छोटे उदाहरणों को लिपिबद्ध करने की एक विनम्र कोशिश इस पुस्तक के माध्यम से की गई है। इन सबमें नया कुछ भी नहीं है। पर वही प्रार्थना प्रतिदिन दुहराना मन को कम से कम शांति, सद्भाव व सहयोग का संदेश तो देती ही है।

गांधीजी के सहयोगी व सुप्रसिद्ध गांधीवादी विचारक श्री एस.एन. सुब्बारावजी ने, जिन्हें हम सब आदरपूर्वक भाईजी कहते हैं, इसकी प्रस्तावना लिखकर मुझ पर बहुत बड़ा उपकार किया है। मैंने गांधी को कभी नहीं देखा, पर वे कैसे सहज, सरल, तेजस्वी व ऊर्जावान रहे होंगे, इसका अंदाजा भाईजी को देखकर सहज ही हो जाता है। उनके प्रति मेरे मन में गहरी श्रद्धा है। उन्हें धन्यवाद दे सकने जैसा सामर्थ्य मुझमें नहीं है। मैं तो इन क्षणों में उनके प्रति आदर व सम्मान सहित केवल नतमस्तक हूँ।

बैंगलोर निवासी प्रोफेसर एन. कृष्णास्वामी के प्रति भी पूरे मन से आभार जिनकी पुस्तक **महात्मा** ने मेरा मार्गदर्शन किया।

गांधी की विचार-यात्रा के इस विनम्र प्रयास को यदि आपका स्नेहपूर्ण आशीर्वाद मिल सका तो यह मेरा परम सौभाग्य होगा। अस्तु,

सधन्यवाद

भवदीय

(विजय जोशी)

भोपाल

Director, Acropolis Institute of Technology & Research, Bhopal
Former Group General Manager, B.H.E.L., Bhopal

emaill : v.joshi 415@yahoo.com Ph. : (0755)-2580887, 9826042641

पूजनीया गोलोकवासी दादी
बनारसी माय के प्रति

अनुक्रम

गांधी का ताबीज

मैं तुम्हें एक ताबीज देता हूँ। जब तुम्हें दुविधा हो या तुम्हारा अहम् तुम पर चढ़कर बोले, तो इसका अभ्यास करो :

अपने मन-मस्तिष्क में स्वयं द्वारा अब तक देखे गए सबसे निर्धन व असहाय व्यक्ति की छवि को निहारो और फिर स्वयं से पूछो कि जो कार्य मैं करने जा रहा हूँ :

* क्या इससे उसको कुछ प्राप्त होगा या उसका कुछ फायदा होगा?
* क्या इससे उसे अपनी नियति और जीवन को नियंत्रित करने की शक्ति प्राप्त होगी?
* क्या इससे स्वराज्य सुलभ होगा अथवा देश के लाखों शारीरिक और आध्यात्मिक रूप से भूखे लोगों की स्वतंत्रता की शर्त पूरी होगी?

तब तुम पाओगे कि तुम्हारी दुविधा या शंका तुम्हारे अहम् के साथ खुद-ब-खुद तिरोहित हो जाएगी और तुम्हें असीम सुख तथा आत्मसंतोष की प्राप्ति होगी।

उनके अध्यापक ने उनसे इशारे से साथ वाले लड़के की कापी देखकर स्पेलिंग सुधारने को कहा। बालक मोहन को यह गवारा न हुआ। उन्होंने सोचा कि बेईमान बुद्धिमान होने से तो अच्छा है कि ईमानदार बुद्धू ही बना रहूँ।

सच बोलें : झूठ से बचें

(Be Truthful)

रोज-रोज मरने से तो एक बार मर जाना अच्छा है। झूठ बोलना रोज मरने के समान ही है। सच बोलने की आपकी आदत का एक बार लोगों को विश्वास हो जाए तो फिर आपकी प्रतिष्ठा में वृद्धि ही होती है। लोग आपकी बात को वजन देने लगते हैं।

हमें बचपन से ही सच बोलने का पाठ पढ़ाया जाता है। सच्चाई तो यह है कि झूठ के पाँव नहीं होते तथा वह अधिक देर तक टिका नहीं रह सकता और यह भी सच है कि अनेक बार एक झूठ बोलते हुए उसे छुपाने के लिए हमें हजार झूठ बोलने पड़ते हैं। अंततः हमारी कलई खुल जाती है। सत्य बोलने पर कई बार हमारे सामने अप्रिय स्थिति उत्पन्न होने की संभावना भी बनी रहती है, पर उसे बोलने का साहस संजोकर हम आखिर में फायदे में ही रहते हैं।

कहा भी गया है—रोज-रोज मरने से तो एक बार मर जाना अच्छा है। झूठ बोलना रोज मरने के समान ही है। सच बोलने की आपकी आदत का एक बार लोगों को विश्वास हो जाए तो फिर आपकी प्रतिष्ठा में वृद्धि ही होती है। लोग आपकी बात को वजन देने लगते हैं।

इस संदर्भ में गांधीजी के दो प्रसंग हैं। पहला तब जब उनकी आयु मात्र 12 वर्ष की थी तथा वे राजकोट के एक स्कूल में पढ़ रहे थे। एक दिन इंस्पेक्टर का आगमन हुआ, जिसने बच्चों को 5 अंग्रेजी शब्दों की सही स्पेलिंग लिखने को कहा। मोहनदास को केवल 4 स्पेलिंग सही मालूम थीं। पाँचवीं स्पेलिंग वे गलत लिख गए। तब उनके अध्यापक ने उनसे इशारे

से साथ वाले लड़के की कापी देखकर स्पेलिंग सुधारने को कहा। बालक मोहन को यह गवारा न हुआ। उन्होंने सोचा कि बेईमान बुद्धिमान (Intelligent cheat) होने से तो अच्छा है कि ईमानदार बुद्धू (Honest fool) ही बना रहूँ। और उन्होंने यही किया। लेकिन इस घटना से उनमें कोई अहंकार भी पैदा नहीं हुआ तथा अपने उस शिक्षक के प्रति उनके मन में आजीवन सम्मान भी बना रहा।

दूसरा प्रसंग उनके द्वारा वकालत आरंभ किये जाने के दौर का है। उनकी मान्यता थी कि केस सच्चा हो तो ही जीत मिले और झूठ हो तो हार। उनके एक मुवक्किल का केस लंबा चला। तकनीकी दृष्टि से जीत तय थी, किंतु हिसाब में एक गड़बड़ी थी।

महात्मा गांधी से मुवक्किल भी प्रभावित था, बोला—आप ही अदालत में पैरवी करें तथा भूल स्वीकारें। भाग्य में हार होगी तो हार जाएँगे। सच्चे का रखवाला राम तो है ही ना! बड़े वकील की मर्जी के खिलाफ गांधीजी ने अदालत में सच सामने रखा।

जज भी इस सच्चाई और साफगोई से प्रभावित हुए बिना नहीं रह सके। मुवक्किल मुकदमा जीत गया। गांधीजी ने अपनी आत्मकथा में लिखा—**मेरे हर्ष की सीमा न रही। मेरी यह धारणा दृढ़ हो गई कि वकालत के धंधे में भी सत्य की रक्षा करते हुए काम हो सकता है।**

यही है सच बोलने का साहस और सलीका जो आदमी की आत्मा को ताकत देता है तथा झूठ को पराजित करते हुए सफलता के मार्ग की ओर ले जाता है। लेकिन उसके लिए आरंभ में बगैर डगमगाये पूरी निष्ठा के साथ सत्य के मार्ग पर चलने का साहस खुद में पैदा करना आवश्यक है और उसके लिए कभी-कभी धारा के विरुद्ध तैरना भी जरूरी है।

इसी तरह एक तीसरा प्रसंग उनके विलायत प्रवास का है जहाँ एक महिला ने उनसे प्रभावित होकर अंतरंगता बढ़ाने का प्रयास किया। तब गांधीजी ने अपने विवाहित तथा एक पत्नीव्रत होने का उल्लेख करते हुए उसे पत्र लिखा। लौटती डाक से उसी महिला मित्र का उत्तर भी उन्हें प्राप्त हुआ—खुले दिल से लिखा तुम्हारा पत्र मिला। तुमने अपनी सही स्थिति प्रस्तुत कर अच्छा ही किया। मेरा आमंत्रण कायम है। अगले रविवार मैं

अपनी मित्र सहित तुम्हारी राह देखूँगी और हम दोनों तुम्हारे बाल विवाह की बात सुनते हुए मजाक उड़ाने का आनंद भी लूटेंगी। विश्वास रखो, हमारी मित्रता जैसी थी वैसी ही रहेगी।

यही था गांधीजी का सत्यप्रियता का संदेश। सफल प्रबंधन के लिए तो यह बेहद आवश्यक है कि हमारी कार्यप्रणाली साफ-सुथरी तथा सच्चाई पर आधारित हो। सच्चाई की बुनियाद पर खड़ी सफलता की इमारत ही पक्की तथा स्थायी होती है।

गांधीजी का पहला सिद्धांत : अहिंसा

हिंसा से सर्वथा रहित, लेकिन यह नकारात्मक सोच कतई नहीं है। यह तो प्राणिमात्र के प्रति प्रेम व सम्मान का अभ्यास है। इसकी जननी कायरता नहीं, बल्कि वीरता है।

सच बोलने का साहस और सलीका आदमी की आत्मा को ताकत देता है तथा झूठ को पराजित करते हुए सफलता के मार्ग की ओर ले जाता है।

बालक मोहनदास उस बोझ को अधिक दिन तक न सह सके तथा पिता को सारी बातें विस्तृत रूप से लिखकर सजा की मांग रखी। बीमार पिता के आँसू बह निकले, इतने कि चिट्ठी भीग गई। वे कुछ न बोले तथा चिट्ठी फाड़कर फिर बिस्तर पर लेट गए।

पश्चात्ताप और प्रायश्चित
(Repent and Penance)

याद रखें, घोड़े पर चढ़नेवाले ही गिरते हैं। इस तरह के काम के दौरान गलती अवश्यंभावी है। गलती के डर से कोई काम करना छोड़ नहीं देता।

अंग्रेजी में एक कहावत है–To err is human, अर्थात् गलती करना मानव-स्वभाव में है। गलती करना कोई अपराध भी नहीं है। जब आप काम करते हैं तो गलती करना स्वाभाविक है। इसमें कुछ भी अस्वाभाविक नहीं। अस्वाभाविक तो तब होता है जब आप गलत बात या काम करते हुए उसके दास हो जाते हैं तथा उचित-अनुचित से परे उस पर डटे रहते हैं। उन पलों में आप अपनी अंतरात्मा की आवाज की भी अनदेखी करते हैं।

लेकिन याद रखिए, गलत या सही का अंदाजा लगाना बिलकुल ही कठिन नहीं है। गलत काम करते समय हमारी अंतरात्मा हमेशा हमें टोकती है। ग्लानि के उन क्षणों में यदि अंदर की आवाज सुनते हुए आगे के लिए सही मार्ग का अनुसरण करना चाहें तो प्रायश्चित का मार्ग सदा खुला रहता है।

बालक मोहनदास की उम्र जब केवल 15 वर्ष की थी, तब एक मित्र ने उन्हें समझाया कि मांस न खाने के कारण हिन्दू कमजोर होते हैं। इसलिए हम सदा से मांसाहारियों के गुलाम रहे हैं। सात्त्विक संस्कारवादी परिवार में पले बालक के लिए यह आसान नहीं था,

पर फिर भी मित्र के आग्रह पर उन्होंने मांसाहार किया। बाद में धूम्रपान की लत भी लग गई, जिसके लिए उन्हें चोरी तक करनी पड़ी।

बालक मोहनदास उस बोझ को अधिक दिन तक न सह सके तथा पिता को सारी बात विस्तृत रूप से लिखकर सजा की मांग रखी। बीमार पिता के आँसू बह निकले, इतने कि चिट्ठी भीग गई। वे कुछ न बोले तथा चिट्ठी फाड़कर फिर बिस्तर पर लेट गए।

गांधीजी अपनी आत्मकथा में आगे लिखते हैं—**मोती की बूँदों के उस प्रेम-बाण ने मुझे बेध डाला। मैं शुद्ध बना। मैंने सोचा था कि पिता क्रोध करेंगे, पर उन्होंने तो अपार शांति धारण कर ली। शायद यह मेरे अपराध की सरल स्वीकृति थी। जो मनुष्य स्वेच्छा व निष्कपट भाव से अपना अपराध स्वीकार कर लेता है और फिर वैसा न करने की प्रतिज्ञा करता है, वही शुद्धतम प्रायश्चित करना है।**

याद रखें, घोड़े पर चढ़नेवाले ही गिरते हैं। गिरने के डर से कोई घोड़े पर चढ़ना नहीं छोड़ता। इसी तरह काम के दौरान गलती अवश्यंभावी है। गलती के डर से कोई काम करना नहीं छोड़ देता। मूल बात तो यह है कि हम अपनी गलतियों से सबक लें ताकि आगे उनसे बचा जा सके तथा यदि उसका प्रकार गंभीर हो या उससे किसी की हानि हो तो निर्मल मन से उसे स्वीकार करते हुए प्रायश्चित करें। इससे आत्मा तो शुद्ध होती ही है, आगे के लिए सद्बुद्धि का विकास भी होता है।

गांधीजी का दूसरा सिद्धांत : सत्य

यह जीवन जीने की पद्धति है। आपस में एक-दूसरे के विश्वास व मूल्यों के प्रति सकारात्मक सोच, वार्तालाप तथा सहअस्तित्व की कला है। पतंजलि योगशास्त्र के अनुसार सत्य, अहिंसा का पालन करनेवाले के प्रभामंडल से हिंसा लुप्त हो जाती है।

गांधीजी ने कहा था कि ग्लानि के क्षणों में गलत काम करने पर हमारी आत्मा हमें टोकती रहती है और तब पश्चात्ताप तथा प्रायश्चित का मार्ग खुला रहता है।

गांधीजी ने कहा–राय के लिए धन्यवाद। पर मैंने अपनी माँ को वचन दिया है। मैं इसे खाने की सोच भी नहीं सकता। मुझे मालूम है कि यहाँ इसके बगैर रहना असंभव है। उस दशा में मैं इसे खाने के बजाय अपने देश लौट जाना अधिक उचित समझूँगा।

वचन निभाएँ जान से ज्यादा
(Keep Your Promise)

वचन निभाना एक उदात्त गुण है। इसके पालन से न केवल आपकी छवि निखरती है, बल्कि चरित्र में भी दृढ़ता आती है। इसे अपनाकर तो आप अपना ही भला करते हैं, क्योंकि मानस कमजोर रहे तो अंततः आपको कमजोर करता है।

वचन देना और फिर उसे निभाने का अपना सुख है। यह वह कार्य है जिसे पूरा करने पर आपको असीम सुख और शांति की प्राप्ति होती है। आप जितने भी महान लोगों के जीवन चरित्र उठाकर देखेंगे, एक बात सब में समान पाएँगे कि पहले तो उन्होंने कोई भी प्रण बहुत सोच-समझकर लिया तथा दूसरे उसे मरते दम तक निभाया। यह गुण विलक्षण है।

भगवान राम तो आज भी वचन निभाने के आदर्श उदाहरण के रूप में जाने तथा पूजे जाते हैं। पिता के बचन की रक्षा के लिए, वे स्वयं राज-पाट त्याग कर पत्नी सहित 14 वर्ष के लिए वन को चले गए। गुरु वशिष्ठ ने तो कहा था कि–हे राम! यदि तुम्हारा मन न हो तो कह दो। मैं अभी भी दशरथ से कहकर सब कुछ निरस्त करवा दूँगा।

पर राम ने जो कहा, वह आज भी कितना प्रासंगिक तथा अनुकरण करने के योग्य है कि–हे **गुरुदेव! यह सोचा भी कैसे जा सकता है कि राज-पाट जैसी छोटी-सी वजह के लिए राम अपने वचन को भंग करेंगे! मुझे तो सुख की इस छोटी-सी नगरी के बजाय दुख के विस्तृत साम्राज्य की देन का आशीर्वाद दीजिए। अपने पिता के वचन की रक्षा से बड़ा कोई कार्य मेरे लिए तो हो भी नहीं सकता।**

यही कारण है कि वे आज भी पूजे जाते हैं। 'प्राण जाई पर वचन न जाई' की लोकोक्ति तभी से मशहूर है। राजा हरिश्चन्द्र तो अपने वचन की रक्षा के लिए एक डोम के हाथों बिक गए थे। आज भी काशी का हरिश्चन्द्र घाट उनकी स्मृति को अपनी मंजूषा में सँजोये हुए है।

वर्तमान सदी में गांधीजी से बड़ा इसका अन्य कोई उदाहरण नहीं है। इसके संस्कार उनमें बचपन से भरे हुए थे। यही कारण है कि वे आगे चलकर देश के ही नहीं बल्कि विश्व के महानतम पुरुष तथा प्रकाशपुंज बने।

गांधीजी कानून की पढ़ाई हेतु विलायत जाना चाहते थे। धन का प्रबंध भी हो गया था, लेकिन उनके जाने को लेकर परिवार को एतराज था। उनकी माँ ने सुन रखा था कि वहाँ जानेवाला हर आदमी बुरी आदतों का शिकार हो जाता है। तब गांधीजी ने अपनी माँ को वचन दिया कि वे मांस, मदिरा तथा पर-नारी को हाथ नहीं लगाएँगे।

इंग्लैंड में एक बुजुर्ग सज्जन ने उनमें रुचि जाहिर की एवं इस बात पर हँसे भी, क्योंकि वहाँ की जलवायु के मद्देनजर मांसाहारी भोजन आवश्यक ही नहीं, अनिवार्य था।

गांधीजी ने कहा—मैंने सुना है कि इसके बगैर भी जिया जा सकता है।

अंग्रेज सज्जन बोले—नहीं, यह संभव ही नहीं है कि यहाँ इसके बगैर जिया जा सके। मैं तुम्हें मदिरापान के लिए नहीं कह रहा हूँ। पर तुम इसे अवश्य लो।

गांधीजी ने कहा—राय के लिए धन्यवाद। पर मैंने अपनी माँ को वचन दिया है। मैं इसे खाने की सोच भी नहीं सकता। मुझे मालूम है, यहाँ इसके बगैर रहना असंभव है। उस दशा में, मैं इसे खाने के बजाय अपने देश लौट जाना अधिक उचित समझूँगा।

और उन्होंने जीवन की अंतिम घड़ी तक इस प्रण को निभाया।

वचन निभाना एक उदात्त गुण है। इसके पालन से न केवल आपकी छवि निखरती है, बल्कि चरित्र में भी दृढ़ता आती है। इसे अपनाकर तो आप अपना ही भला करते हैं। कमजोर मानस अंततः आपको ही कमजोर करता है। इसलिए उचित तो यही है कि आप अपने वचन पर तमाम कष्ट

व संकटों के बावजूद डटे रहें। तब पाएँगे कि आपके चरित्र में कैसी सैद्धांतिक दृढ़ता आ जाती है। आप उसी का सुख पाते हुए अपनी जीवनयात्रा को निर्बाध जारी रखें।

गांधी उवाच : स्वतंत्रता

> *उस स्वतंत्रता का कोई अर्थ नहीं, जिसमें गलती करके उसमें सुधार की कोई गुंजाइश न हो।*

'प्राण जाई पर वचन न जाई' एक प्रचलित मुहावरा है। इस पर पूरी तरह से अमल करनेवाले की सर्वत्र प्रशंसा होती है।

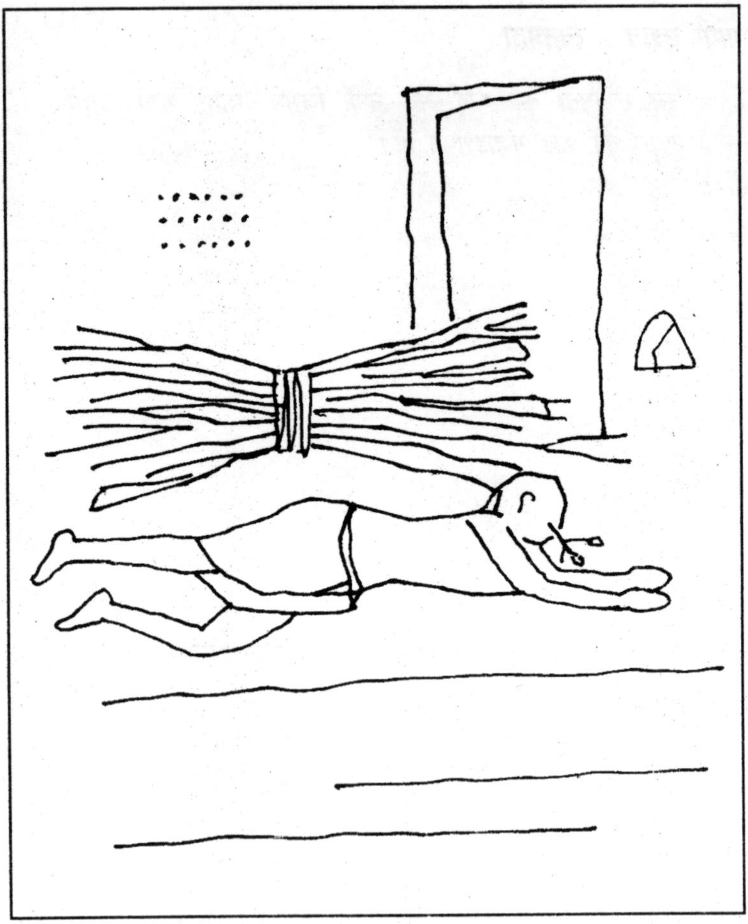

इसी प्रकार 1927 में अपने उड़ीसा प्रवास के दौरान जब वे अपने निवास के बाहर बैठे थे तो देखा कि एक बेहद जीर्ण-शीर्ण वस्त्रधारी एक आदमी मुँह में तिनका दबाए हुए आया तथा उनके चरणों पर प्रणाम करने हेतु लेट गया।

जन-जन हैं सब एक समाना

(Treat All Equal)

कुल मिलाकर समाज जोड़ने का नाम है। जो चीज आदमी को आदमी से तोड़ने का उपक्रम करे, उसे कैसे स्वीकार किया जा सकता है? यह बात न केवल समाज वरन परिवार, दोस्त, दफ्तर सब पर समान रूप से लागू होती है। एक बार आदमी से आदमी जुड़ गया तो सब कुछ कितना आनंददायक हो जाता है!

ईश्वर ने प्रकृति की रचना करते समय प्राणिमात्र पर समभाव रखा। उसकी सृष्टि पर सबका बराबर का हिस्सा है। न कोई ऊँचा, न कोई नीचा। ये सब ऊँच-नीच की दीवारें तो मनुष्य ने अपने स्वार्थ की पूर्ति के लिए समय के साथ गढ़ लीं ताकि न केवल उसके झूठे अहंकार में वृद्धि हो बल्कि वह गरीब, कम पढ़े-लिखे व सीधे सच्चे लोगों का शोषण कर सके। यह बात जातिसूचक कम और शोषण की अधिक प्रतीक है। आप इसे अपने आस-पास के परिवेश में सदा पाएँगे। आवश्यकता तो इस बात की है कि ऐसे झूठे ताने-बाने को तोड़कर सबको एक सूत्र में जोड़ा जाए।

गांधीजी अपने प्रवास के दौरान 1915 में एक बार मद्रास पहुँचे तथा एनी बेसेंट के आग्रह पर एक सुंदर, भव्य व सुविधाजनक जगह अडियार में रुके। वे उन्हें अस्पृश्यों के लिए चल रहे स्कूल में ले गईं, जिसकी दशा जीर्ण-शीर्ण थी। समाज में यह भेद देखकर गांधीजी दुखी हो गए तथा अडियार निवास छोड़कर लाख आग्रहों एवं एनी बेसेंट की नाराजगी

की संभावना के बावजूद जार्ज टाउन स्थित अति साधारण निवास पर आ गए।

इसी प्रकार 1927 में अपने उड़ीसा प्रवास के दौरान जब वे अपने निवास के बाहर बैठे थे तो देखा कि एक जीर्ण-शीर्ण काया का वस्त्रधारी आदमी मुँह में तिनका दबाए हुए आया तथा उनके चरणों पर प्रणाम करने हेतु लेट गया।

गांधीजी ने उसे उठाया तथा तिनका उसके सिर में खोंस दिया। वह व्यक्ति बापू के दर्शन करने के लिए 6 मील पैदल चलकर आया था। पूछने पर पता चला कि वह अस्पृश्य है व बड़ों के सामने इसी प्रकार पशु रूप में उपस्थित होकर प्रणाम करता है।

गांधीजी ने उसकी लकड़ी बेचकर जमा की गई दानराशि केवल दो शर्तों पर स्वीकार की। पहली यह कि आगे से वह मुँह में तिनका रखकर किसी को प्रणाम नहीं करेगा तथा दूसरे नशे जैसी बुरी आदतों को तुरंत त्याग देगा।

कस्तूरबा चूंकि धार्मिक प्रवृत्ति की थीं इसलिए गांधीजी एक बार उनके आग्रह पर महादेव भाई व दुर्गा बहन के साथ जगन्नाथपुरी पहुँचे। वहाँ अस्पृश्यों का प्रवेश वर्जित था, इसलिए दोनों महिलाओं के लाख कहने के बावजूद अंदर न जाकर बाहर ही बैठे रहे।

लौटकर बा ने क्षमा मांगी। गांधीजी ने कहा—यह मेरी गलती है कि मैं तुम्हें अपने सिद्धांत नहीं समझा पाया। मैं पाप का दोषी हूँ।

इसके बाद उन्होंने एक लेख लिखकर अपना अपराध सार्वजनिक रूप से स्वीकार किया। यही उनका प्रायश्चित था।

कुल मिलाकर समाज जोड़ने का नाम है। जो चीज आदमी को आदमी से तोड़ने का उपक्रम करे, उसे कैसे स्वीकार किया जा सकता है? यह बात न केवल समाज वरन परिवार, दोस्त, दफ्तर सब पर समान रूप से लागू होती है। एक बार आदमी आदमी से जुड़ गया तो फिर सब कुछ कितना आनंददायक हो जाता है!

हम अपने गुरूरों से उबर क्यों नहीं पाते,
हर शख्स शख्सियत है समझ क्यों नहीं जाते।

गांधीजी का तीसरा सिद्धांत : अस्तेय

अनावश्यक वस्तु को अपने पास रखना भी एक प्रकार की चोरी है। यह तो सरल एवं आडंबरहीन जीवन जीने की कला की ओर बढ़ाया गया पहला कदम है।

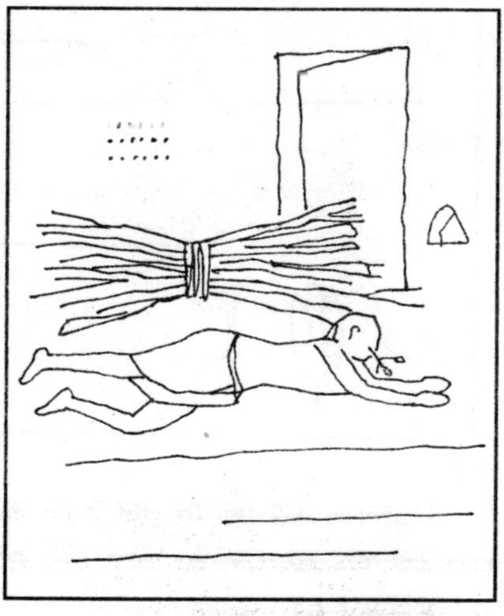

कस्तूरबा के क्षमा मांगने पर गांधीजी ने कहा–'यह मेरी गलती है कि मैं तुम्हें अपने सिद्धांत नहीं समझा पाया। मैं पाप का दोषी हूँ।'

गांधीजी ने कहा कि यह आम जनता का पैसा है। अतः इसे बरबाद करने का उन्हें कोई हक नहीं है। उनके लिए जनता का पैसा खुद के पैसे से अधिक कीमती है।

मितव्ययिता बनाम जनता का पैसा
(Public Money and Extravagancy)

मितव्ययिता को आम तौर पर कंजूसी के पर्याय के रूप में देखा जा सकता है जो सही नहीं है। यह तो फिजूलखर्ची से बचते हुए पैसे के सदुपयोग का नाम है। हमारी कमाई के हर पैसे के सार्थक उपयोग का ही नाम है मितव्ययिता। और यदि पैसा जनता का है तो फिर हमारी जिम्मेदारी और बढ़ जाती है।

आजकल हर एक की आँखों पर आडंबर का गहरा चश्मा इस कदर चढ़ा हुआ है कि वह ऊपरी दिखावे व समाज में झूठी प्रतिष्ठा के लिए गैरजरूरी चीजों पर अनाप-शनाप खर्च करता है। याद रखें, पैसा बड़ी मेहनत से कमाया जाता है और जो कोई भी उसे पसीना बहाकर अपनी मेहनत से कमाएगा, उसे बर्बाद करने की बात कभी सपने में भी नहीं सोचेगा।

कहा जाता है कि पैसा जैसे आता है, वैसे ही जाता है। गैर ईमानदार तरीके से कमाया पैसा न तो सुख देता है, न शांति और न ही सुकून। यह पैसा जिस तरीके से आता है, उसी तरीके से चला भी जाता है।

मितव्ययिता को आम तौर पर कंजूसी के पर्याय के रूप में देखा जाता है जो सही नहीं है। यह तो फिजूलखर्ची से बचते हुए पैसे के सदुपयोग का नाम है। हमारी कमाई के हर पैसे के सार्थक उपयोग का ही नाम है मितव्ययिता। और यदि पैसा जनता का हो तो फिर हमारी जिम्मेदारी और बढ़ जाती है।

महात्मा गांधी व्यक्तिगत जीवन में जनता की गाढ़ी कमाई के प्रति कितने सचेत थे, इसके केवल दो ही उदाहरण पर्याप्त हैं। पहला तो यह

कि 1928 में गांधीजी को यरवदा जेल से छोड़ा गया था। जेल के नियमानुसार उन्हें मक्खन व ब्रेड के उपयोग की सुविधा थी। उनकी ये खाद्य वस्तुएँ न लेने की इच्छा जताने पर उनसे कहा गया कि ये अवश्य ही लेनी पड़ेंगी। वे चाहें तो इन्हें दूसरों को अपनी ओर से दे दें।

गांधीजी ने कहा कि यह आम जनता का पैसा है। अतः इसे बरबाद करने का उन्हें कोई हक नहीं है। उनके लिए जनता का पैसा खुद के पैसे से अधिक कीमती है।

जेल अधिकारी ने पूछा—आप कितना टैक्स देते हैं?

गांधीजी ने कहा—आप तो वेतन का केवल तय हिस्सा ही सरकार को देते हैं, लेकिन मैंने तो अपना सब कुछ देश को दे दिया है।

अधिकारियों के न मानने पर गांधीजी भी नहीं झुके। वे तो सत्य के प्रति समर्पित थे। आखिर में सरकार को उनकी बात माननी पड़ी।

दूसरी घटना महादेव देसाई के साथ घटी, जो उनके सेवक, पुत्र, सचिव सहित सब कुछ थे। उन्होंने एक बार महँगे टमाटर खरीद कर बापू के लिए स्वादिष्ट खिचड़ी बनाई तथा उन्हें परोसी। गांधीजी को यह बेहद पसंद आई तथा इसे प्रतिदिन बनाने को कहा। समस्या केवल एक थी कि उन दिनों टमाटर बहुत महँगे यानी 8 आना प्रति सेर थे।

गांधीजी ने अपनी आदत के अनुसार हर चीज के साथ टमाटर के भी दाम पूछे। महादेव भाई को इस बात का दुख नहीं था कि टमाटर के दाम पूछकर गांधीजी उन्हें कोसेंगे, बल्कि दुख इस बात का था कि टमाटर जो कि उनके स्वास्थ्य के लिए लाभकारी हैं, खाना बंद कर देंगे।

गांधीजी दरिद्रनारायण के पैसे को अत्यंत सावधानी से खर्च करने के हिमायती थे। अतः महादेव भाई ने दाम आधे करके बताए। इस घटना के 22 वर्ष बाद जब उन्होंने अपना अपराध स्वीकार करते हुए गांधीजी को सच्चाई बताई तो आशा के विपरीत वे जोर से हँस पड़े। उनके जीवन का शायद यही एकमात्र अवसर था जब उन्हें असत्यपालन के प्रति खीज उत्पन्न नहीं हुई, पर दुख जरूर उभरा।

बात कुल मिलाकर इतनी है कि जनता के खून-पसीने की गाढ़ी कमाई को नाजायज तरीके से खर्च करने का अधिकार किसी को नहीं है। यह निर्मल, निःस्वार्थ श्रम के प्रति अनादर है। गांधीजी कागज के छोटे-छोटे

टुकड़े भी सँभालकर रखा करते थे तथा मौनव्रत के दौरान उन्हीं पर लिखकर अपनी बात कहा करते थे। जीवन में छोटी-से-छोटी बचत भी संकट के समय अक्षयपात्र बन जाती है। बूँद-बूँद से घड़ा भी भर जाता है और छोटी-छोटी बातें भी जीवन सँवार सकती हैं। गांधी दर्शन के इसी सार पर हम स्वयं समाज व देश की प्रगति को ठोस आधार प्रदान कर सकते हैं, बशर्ते जीवन को झूठे आडंबर से ऊपर उठाते हुए सच्चे मन से उनके उपदेश को जीवन में अपना सकें।

गांधीजी का चौथा सिद्धांत : ब्रह्मचर्य

पवित्रता या आत्मसंयम/ईश्वर प्राप्ति का एक प्रकार है ब्रह्मचर्य। इससे न केवल इंद्रिय संयमित होती है, बल्कि आगे चलकर यह चित्त की एकाग्रता, चिंतन और मनन में सहायक होता है। यह संयमी पुरुष की पहचान का प्रतीक है।

जनता के खून-पसीने की गाढ़ी कमाई को नाजायज तरीके से खर्च करने का अधिकार किसी को नहीं है।

यह ईसाई धर्म की विलक्षणता देखिए जिसमें व्यक्ति पादरी के सामने उपस्थित होकर अपना पाप स्वीकार (Confess) करता है। इससे उसकी आत्मा पर रखा वजन तो हट ही जाता है, साथ ही आगे के लिए अच्छाई का मार्ग भी प्रशस्त हो जाता है।

कच्चे न रखें कान

(Make Your Own Decisions)

कितना बड़ा संदेश है जीवन के प्रति कि किसी को अपना हितैषी ढूँढने में सालों लग जाते हैं, लेकिन एक छोटी-सी गलतफहमी वर्षों की मेहनत पर पानी फेर देती है।

जब आदमी समाज में ऊपर उठता है या आगे बढ़ता है तो लोग उसे गलत जानकारी देकर अपने स्वार्थ की सिद्धि का पूरा जतन करते हैं। कई बार तो ऐसे स्वार्थी तत्त्व व्यक्ति के मन में सच्चे हितैषियों के प्रति भी जहर भरने से नहीं चूकते और वह व्यक्ति यदि एक बार भी इनके दाव में आ जाए तो न केवल अपने सच्चे साथियों से दूर हो जाता है, बल्कि दुनिया को दूसरों की नजर से देखने का आदी भी हो जाता है। वह अपने मार्ग से भटककर गलत राह पर चल देता है और फिर उसे मंजिल कभी नहीं मिलती। इसीलिए तो कहा भी गया है कि–

सिर्फ एक कदम उठा था गलत राहे शौक में,
मंज़िल तमाम उम्र मुझे ढूँढती रही।

महावीर त्यागी गांधीजी के सच्चे सेवक थे। उन्हीं के कंधे पर हाथ रखकर वे घूमने जाया करते थे। प्रार्थना सभा में भी त्यागी बापू के निकट ही बैठा करते थे। इसीलिए लोग उनसे ईर्ष्या भी रखते थे।

एक दिन किसी ने गांधीजी से कह दिया कि त्यागी के कारण केवल आभिजात्यपूर्ण (Aristocratic) लोगों की ही गांधीजी तक पहुँच थी, निर्धन व गरीबों की नहीं। गांधीजी दुखी हो गए तथा प्रार्थना सभा में त्यागी की निंदा तक कर दी।

त्यागी को बहुत बुरा लगा तथा उन्होंने उसी स्थल पर पूछा—बापू, यह गलत रपट किसने दी है, जिस पर आपने तथ्य जाँचे बगैर आँख मूँदकर भरोसा कर लिया?

गांधीजी ने लौटकर सच्चाई पता की तो बात निराधार निकली। अगले दिन खुली प्रार्थना सभा में उन्होंने अपनी गलती स्वीकार करते हुए कहा—**कल मैंने त्यागी की निंदा की थी। वह नाराज है। मुझसे भयंकर भूल हुई है कि तथ्य जाँचे बगैर बात को सच मान लिया। मैं गलती की क्षमा चाहता हूँ। हम सब तय करें कि अब से कोई बात परखे बगैर किसी नतीजे पर नहीं पहुँचेंगे। यही मेरी गलती का प्रायश्चित है।**

और अपनी बात समाप्त करने के बाद त्यागी के कंधे पर हाथ रखकर वापिस लौटे।

कितना बड़ा संदेश है जीवन के प्रति! पहला तो यह कि किसी को अपना हितैषी ढूँढने में सालों लग जाते हैं, लेकिन एक छोटी-सी गलतफहमी वर्षों की मेहनत पर पानी फेर देती है तथा दूसरा यह कि जब किसी को भी अनावश्यक रूप से भला-बुरा कह दें तो अपनी गलती भी सार्वजनिक रूप से मानें।

ईसाई धर्म की विलक्षणता देखिए जिसमें व्यक्ति पादरी के सामने उपस्थित होकर अपना पाप स्वीकार (Confess) करता है। इससे उसकी आत्मा पर रखा वजन तो हट ही जाता है, साथ ही आगे के लिए अच्छाई का मार्ग भी प्रशस्त हो जाता है।

सुनी सुनाई बात पर, मत कर कच्चे कान,
मुश्किल अच्छा मित्र है, देगा तुझ पर प्राण।

गांधी उवाच : सम्पत्ति

संसार में आदमी की आवश्यकता के लिहाज से कई गुना अधिक संपत्ति है, लेकिन उसके लालच के लिहाज से बेहद कम।

गांधीजी ने अगले दिन खुली प्रार्थना सभा में कहा कि कल मुझसे भयंकर भूल हुई कि तथ्य को जाँचे बगैर बात को सच मान लिया।

छोटा काम भी अपने हाथ से करके आप जमीन से तो जुड़े रहते ही हैं, हर तबके के लोग आपको अपना समझने लगते हैं।

हर काम है महत्त्वपूर्ण
(Every Work is Important)

जिस समय जो भी काम कर रहे हों उसे पूरे मनोयोग व समर्पित भाव से करें। ईमानदारी और मेहनत से किया गया छोटे से छोटा काम भी बेईमानी व दलाली से किए गए बड़े काम से भी बड़ा होता है। बड़प्पन बड़े काम से नहीं आता, बल्कि छोटे-बड़े हर काम के सामंजस्य से आता है।

काम कोई भी छोटा या बड़ा नहीं होता, बल्कि करनेवाला उसे महान बनाता है। यह संदेश गांधीजी ने अपने पूरे जीवनकाल में न केवल अपनाया बल्कि आनेवाले कई युगों तक इसका संदेश भी दिया। समाज, संस्था या घर में हर काम की अपनी अहमियत है तथा जब जो समय पर न हो पाए, उस समय वही सबसे जरूरी व महत्त्वपूर्ण हो जाता है। आप अपनी दैनिक दिनचर्या को ही देख लीजिए। जो काम छूट जाता है, उसी का दर्द आपको सारे दिन सताता रहता है।

आपकी गरिमा व गौरव इसी में है कि जिस समय जो भी काम कर रहे हों, उसे पूरे मनोयोग व समर्पित भाव से करें। ईमानदारी व मेहनत से किया गया छोटे-से-छोटा काम भी बेईमानी व दलाली से किये गए बड़े काम से भी बड़ा होता है। बड़प्पन बड़े काम से नहीं आता बल्कि छोटे-बड़े हर काम के सामंजस्य से आता है। छोटा काम अपने हाथ से करके आप अपनी जमीन से तो जुड़े रहते ही हैं, हर तबके के लोग आपको अपना समझने लगते हैं। इसी के साथ अपना हर काम अपने हाथ से करने की प्रवृत्ति के कारण आपके श्रम व अनुभव की पूँजी भी बढ़ती है।

वर्ष 1929 में जे.सी. कुमारप्पा मात्र 30 वर्ष के थे। उन्होंने अमेरिका तथा इंग्लैंड में अर्थशास्त्र का अध्ययन किया था तथा बंबई में प्रैक्टिस कर रहे थे। वे अपनी थीसिस गांधीजी को दिखाना चाहते थे लेकिन उनकी व्यस्तता के मद्देनजर उनके सचिव श्री प्यारेलाल को अपनी पुस्तक सौंप दी।

आश्चर्य तो तब हुआ जब उन्हें श्री प्यारेलाल ने पत्र द्वारा साबरमती आश्रम में 9 मई, 1929 को दोपहर 2.30 बजे मिलने का आमंत्रण भेजा।

कुमारप्पा समय से आधे घंटे पूर्व पहुँच गए। उन्होंने देखा कि एक बुजुर्ग पेड़ के नीचे बैठकर चरखे पर सूत कात रहे थे। उन्हें नहीं मालूम था कि यही शख्स गांधी हैं, और वे उन्हें मनोयोगपूर्वक काम करते हुए देखते रहे।

अपराह्न ठीक 2.30 बजे गांधीजी ने पूछा—तुम ही कुमारप्पा हो?

कुमारप्पा आश्चर्यचकित हो गए। उन्हें विश्वास ही नहीं हो रहा था कि इतना बड़ा आदमी इतना छोटा काम भी अपने हाथ से कर सकता है।

गांधीजी ने उन्हें एक कुर्सी दी, लेकिन कुमारप्पा उनके साथ जमीन पर ही बैठे, हालांकि यह उनके लिए आसान काम नहीं था।

गांधीजी ने कहा—तुम्हारा कार्य बहुत अच्छा है।

कुमारप्पा बेहद खुश हो गए। उन्होंने गांधीजी के आंदोलन में शरीक होने की इच्छा जताई। गांधीजी ने उन्हें काका कालेलकर के पास भेजा, जो उस समय गुजरात विद्यापीठ के कुलपति थे।

उसी दिन से कुमारप्पा ने न केवल खादी धारण की बल्कि आजीवन ब्रह्मचर्य का व्रत भी लिया। वे गांधी दर्शन के वाहक हो गए। लगभग 30 वर्षों के श्रम से उन्होंने खादी व ग्रामोद्योग आधारित अर्थ-दर्शन की संरचना को स्थापित किया।

सारांश केवल इतना है कि गांधीजी की सरलता व हर काम अपने हाथ से करने की प्रवृत्ति ने ही कुमारप्पा को स्वयं के जीवन के प्रति एक दिशा व ध्येय प्रदान किया।

याद रखिए, जब आप अपने अहम् को त्याग कर अपने हाथ से हर काम करते हैं तो साथ वालों पर भी एक स्थायी प्रभाव छोड़ते हैं। उसे उपदेश के बजाय आचरण में अपनाकर वस्तुतः आप खुद का ही भला कर रहे होते हैं। आपकी आत्मा आडंबर व दिखावे के भाव से मुक्त होकर उन्मुक्त मन से आपका साथ देती है। पुनः याद रखें, कोई भी काम छोटा या बड़ा नहीं, बल्कि उसे करनेवाला ही उसे महान बनाता है।

गांधीजी का पाँचवाँ सिद्धांत : असंग्रह

असंग्रह अर्थात्! धन या अन्य वस्तुओं के संग्रह से मुक्ति। यह अस्तेय के ही समकक्ष है। इससे न केवल समाज में सामग्री के आवश्यकता के अनुसार उचित वितरण की नींव पुख्ता होती है, बल्कि व्यक्ति की आत्मा भी शुद्ध होती है।

काम कोई भी छोटा या बड़ा नहीं होता, करनेवाला उसे महान बनाता है। जिस समय जो काम करें, उसे पूरे मनोयोग से करें।

अंग्रेजों ने नमक बनाने पर टैक्स लगा दिया था। गांधीजी को इसमें एक अवसर नजर आया कि सत्याग्रह द्वारा नमक कानून तोड़ा जाए।

एकला चलो रे
(Move Forward Alone)

एक बार जब आपके कदम लक्ष्य की ओर बढ़ेंगे तो आप देखेंगे कि लोग प्रभावित होकर खुद-ब-खुद आपके साथ सम्मिलित हो जाएँगे। इसके लिए किसी प्रचारतंत्र की आवश्यकता नहीं, क्योंकि हर कोई अच्छे काम में अपना योगदान देना चाहता है।

गुरुदेव रवीन्द्रनाथ ठाकुर की एक मशहूर कविता है–

यदि कोई तेरी आवाज सुनकर भी
साथ न आए तो
हे पथिक!
तू अकेला ही चला चल।

इसका भावार्थ यही है कि जब आप दृढ़निश्चयी होकर सत्य के मार्ग पर चलने का प्रण करते हैं तो फिर चिंता की कोई बात नहीं। आप उस पर पूरे साहस के साथ आगे बढ़िए। यदि आप लोगों को उसमें सम्मिलित होने की बाट जोह रहे हैं तो बहुत बड़ी गलती कर रहे हैं। ऐसे में लक्ष्य प्राप्ति में देरी के साथ असफल होने की संभावना भी बनी रहती है। नाना प्रकार के लोग नाना बातें करके आपको दिग्भ्रमित कर सकते हैं। तब मार्ग में भटकना आपकी नियति भी हो सकती है।

संकल्पवान व्यक्ति अपनी मंजिल व रास्ता खुद तय करते हैं। केवल कायर व अंदर से कमजोर लोग दूसरों का मुँह ताकते हैं।

वर्ष 1930 का प्रसंग है। भारत की आजादी का आंदोलन थम गया था। गांधीजी भी सोच रहे थे कि अब क्या किया जाए। उन्हें ऐसे मुद्दे की तलाश थी जो हिंदू-मुस्लिम, गरीब-अमीर, शहरी-ग्रामीण सबको जोड़ सके।

अंग्रेजों ने नमक बनाने पर टैक्स लगा दिया था। गांधीजी को इसमें एक अवसर नजर आया कि सत्याग्रह द्वारा नमक कानून तोड़ा जाए। सब नेता हैरान-परेशान थे कि क्या अब उन्हें नमक बनाना पड़ेगा? लेकिन गांधीजी ने सबको अपने विचारों से सहमत कराया तथा केवल कुछ ही सत्याग्रहियों की सहायता से साबरमती से दांडी मार्च आरंभ किया। उस समय उनके साथ केवल 79 सत्याग्रही थे।

गांधीजी ने वायसराय लॉर्ड इरविन को नमक टैक्स हटाने हेतु लिखा। उत्तर नकारात्मक था। 12 मार्च, 1930 को मार्च आरंभ हुआ। आगे की बात बहुत संक्षिप्त है, जिसने भारत में पहले विशाल जनजागरण की नींव रखी।

समूह में पंडित खरे एकमात्र वाद्य-वादक थे। उनके इकतारे के साथ जब यात्रा आरंभ हुई तो हजारों लोग खुद-ब-खुद जुड़ते चले गए कुछ इस तर्ज पर कि–

मैं अकेला ही चला था जानिबे मंज़िल मगर,
लोग साथ आते गए और कारवाँ बनता गया।

आजादी के इस यज्ञ में अंततः 1,00,000 लोगों की गिरफ्तारी हुई। गांधीजी को यरवदा जेल में रखा गया। चरखे के बाद यह आंदोलन स्वाधीनता का दूसरा सोपान बना।

कुल मिलाकर बात यह है कि आप जीवन में पहले अपना ध्येय (Mission) पूरी सोच-समझ के साथ निर्धारित कर लें। फिर औरों से बात तो करें, उन पर आश्रित न हों। जो साथ दे, उसका भी भला और जो न दे, उसका भी भला।

एक बार जब आपके कदम लक्ष्य की ओर बढ़ेंगे तो आप देखेंगे कि लोग प्रभावित होकर खुद-ब-खुद आपके साथ सम्मिलित हो जाएँगे। इसके

लिए किसी प्रचारतंत्र की आवश्यकता नहीं क्योंकि हर कोई अच्छे काम में अपना योगदान देना चाहता है, लेकिन आगे बढ़कर नेतृत्व का झंडा थामने में संकोच करता है। एक बार उसे सही साथ और रास्ता मिल जाए तो फिर आंधी के समान साथ हो लेता है। यही है एकला चलो रे का मूल मंत्र।

गांधीजी का छठवाँ सिद्धांत : शरीर-श्रम

> *श्रम की साधना के बगैर फल की चाह मन के छोटेपन की परिचायक है। श्रम से प्राप्त फल ही सुखदायी है।*

सच ही कहा है किसी ने—
मैं अकेला ही चला था जानिबे मंज़िल मगर,
लोग साथ आते गए और कारवाँ बनता गया।

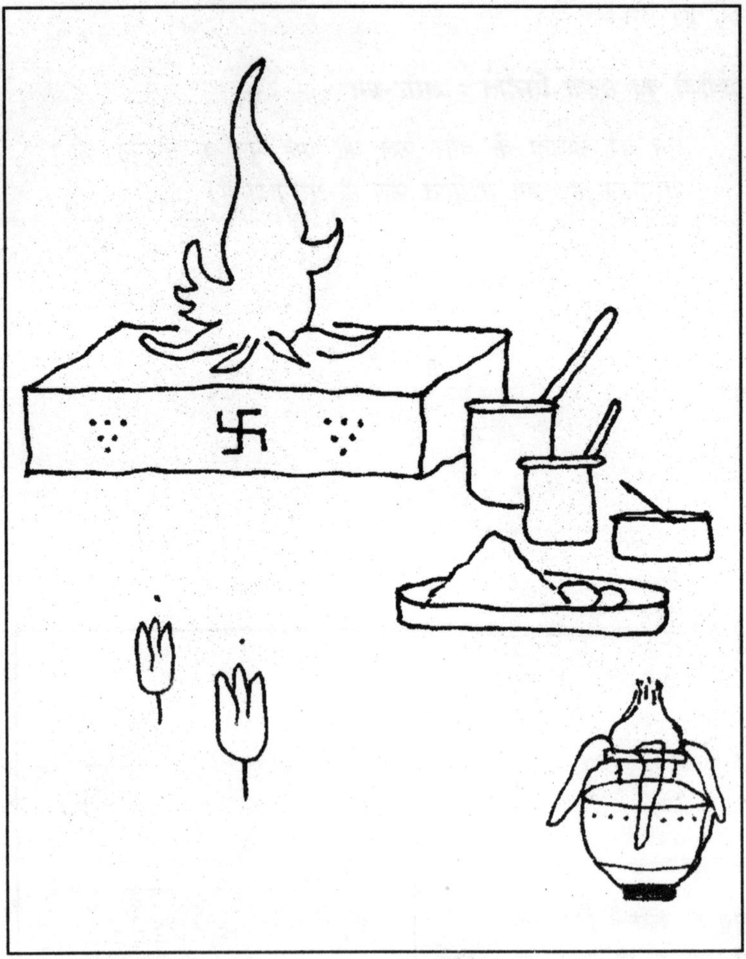

गीता में कहा गया है—महाजन गतः स पंथः अर्थात् जिस ओर महान लोग जाते हैं, वही रास्ता बन जाता है।

बनें सुधारवादी
(Believe in Reforms)

सुधार के प्रति समर्पण ही आपकी आत्मा को शुद्ध करता है। कुरीतियों की बेड़ी से जकड़ी व्यवस्थाओं को तोड़कर आप न केवल वर्तमान बल्कि आगे आनेवाली कई पीढ़ियों को फायदा पहुँचाते हैं।

समय परिवर्तनशील है तथा उसके साथ स्वयं में सुधार लाकर रूढ़ियों को तोड़ना हर एक के लिए बेहद आवश्यक है। जो यह नहीं कर पाता वह अतीत में जीता है। जीवन के सुचारु तथा सफल संचालन के लिए हमारी नजर भविष्य पर होनी चाहिए तथा उसके लिए वर्तमान की पुरानी रूढ़िवादी परंपराओं को तोड़ना हर एक की नैतिक जिम्मेदारी है।

पर लोग तथा समाज क्या कहेगा, इसका डर हमें कोई भी गैर पारंपरिक कदम उठाने से सदा रोकता है। इसमें डर जैसी कोई बात नहीं। एक बार साहस करके उसकी परिधि (Circuference) से बाहर निकलेंगे तो पाएँगे कि अनेक लोग आपके प्रशंसक ही नहीं बल्कि अनुगामी (Follower) बन चुके हैं।

महात्मा गांधी सरल शादी के हिमायती थे। जमनालाल बजाज उनके लिए पुत्र के समान थे। मारवाड़ी समाज आम तौर पर धनाढ्य होता है तथा शादी-ब्याह के अवसर पर धनाढ्य खुलकर खर्च करता है। लेकिन जमनालाल बजाज ने गांधीजी की राय मानकर अपनी पुत्री कमला का विवाह गांधीजी द्वारा संचालित गुजरात विद्यापीठ के छात्र रामेश्वर नेवरिया के साथ बगैर किसी दिखावे या तड़क-भड़क के बहुत साधारण तरीके से किया।

गांधीजी ने तब कहा—**गीता में कहा गया है, महाजन गतः स पंथः अर्थात् जिस ओर महान लोग जाते हैं वही रास्ता बन जाता है। रामेश्वर व**

कमला बुद्धिमान हैं। उन्हें पता है कि शादी आमोद-प्रमोद या मनोरंजन का साधन नहीं है। वह तो उच्च आदर्शों का स्वयं में अनुभव का मार्ग है। पत्नी पति की न तो शारीरिक और न नैतिक रूप से दास या गुलाम है, वह तो उसकी मित्र तथा साथी है। मेरा आशीर्वाद है कि दोनों अपने अभिभावकों का नाम रौशन करते हुए पूरे विश्वास व श्रद्धा के साथ देश की सेवा करें।

1932 के बाद गांधीजी ने केवल अंतर्जातीय यानी सवर्ण और हरिजन विवाह-समारोहों में हिस्सा लिया। ये शादियाँ आश्रम में भी संपन्न हुईं।

सुधार के प्रति समर्पण ही आपकी आत्मा को शुद्ध करता है। कुरीतियों की बेड़ी से जकड़ी व्यवस्थाओं को तोड़कर आप न केवल वर्तमान बल्कि आगे आनेवाली कई पीढ़ियों को फायदा पहुँचाते हैं। याद रखिए, बुराई को जड़ से खत्म करने के लिए किसी-न-किसी एक को आगे आना ही होगा। फिर यह एक आप क्यों नहीं बनते? एक बार कोशिश करके तो देखिए, फिर देखेंगे कि कितने लोग आपके साथ खड़े होकर आपका मनोबल बढ़ाते हैं। यही है सुधारवाद का सिद्धांत।

गांधी उवाच : सेवाभाव

सेवा एक अच्छा कर्म है, लेकिन उसके लिए आचरण में निष्ठा, समर्पण और लगन होनी चाहिए। मन में सेवा का अहंकार नहीं, भाव होना चाहिए तब यह प्रार्थना के समकक्ष हो जाती है।

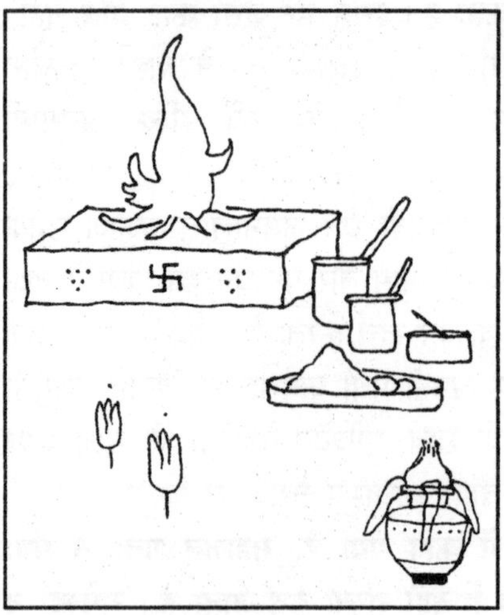

अपने आप में सुधार लाकर रूढ़ियों को तोड़ना आवश्यक है। जीवन के सुचारु रूप से संचालन के लिए हमारी नजर भविष्य पर होनी चाहिए।

कमजोर के साथ रहे हाथ

(Unto this Last)

उनका यह प्रण था कि जब तक मेरे देश की जनता गरीबी से ऊपर उठकर एक सम्मानपूर्ण जीवन जीने के काबिल नहीं हो जाएगी, मैं मात्र एक छोटी-सी धोती पहनूँगा।

देखा गया है कि समर्थ के साथ सब होते हैं, असमर्थ के साथ कोई नहीं। इसका एक मात्र कारण यही है कि सामर्थ्यवान व्यक्ति से हमारे स्वार्थ सिद्ध होते हैं, जबकि कमजोर आदमी भला हमारे किस काम आ सकता है! लेकिन सब यही सोच लें तो फिर संसार कैसे चलेगा? जिसे मदद चाहिए उस तक ही मदद न पहुँच पाए तो फिर भला कहाँ पाई जाएगी इंसानियत या मानवीयता, जिसकी दुहाई हम अक्सर देते हैं! वह तो केवल शब्दकोश तक सिमटकर रह जाएगी। कोई किसी की मदद नहीं करेगा। एक ऐसे स्वार्थी समाज का उदय हो जाएगा, जो केवल मतलब के लिए एक-दूसरे को पहचानेगा।

समय सदा सबका एक-सा नहीं रहता। जो आज समर्थ है, कल असमर्थ हो सकता है। धनवान निर्धन हो सकता है। ऐसी स्थिति की कल्पना कीजिए। कौन मुसीबत के समय किसी का साथ देगा?

गांधीजी ने गरीब को दरिद्रनारायण की संज्ञा दी है। कमजोर की सहायता करना साक्षात् ईश्वर को पूजने के समान है। यही संदेश स्वामी विवेकानंद ने भी दिया था।

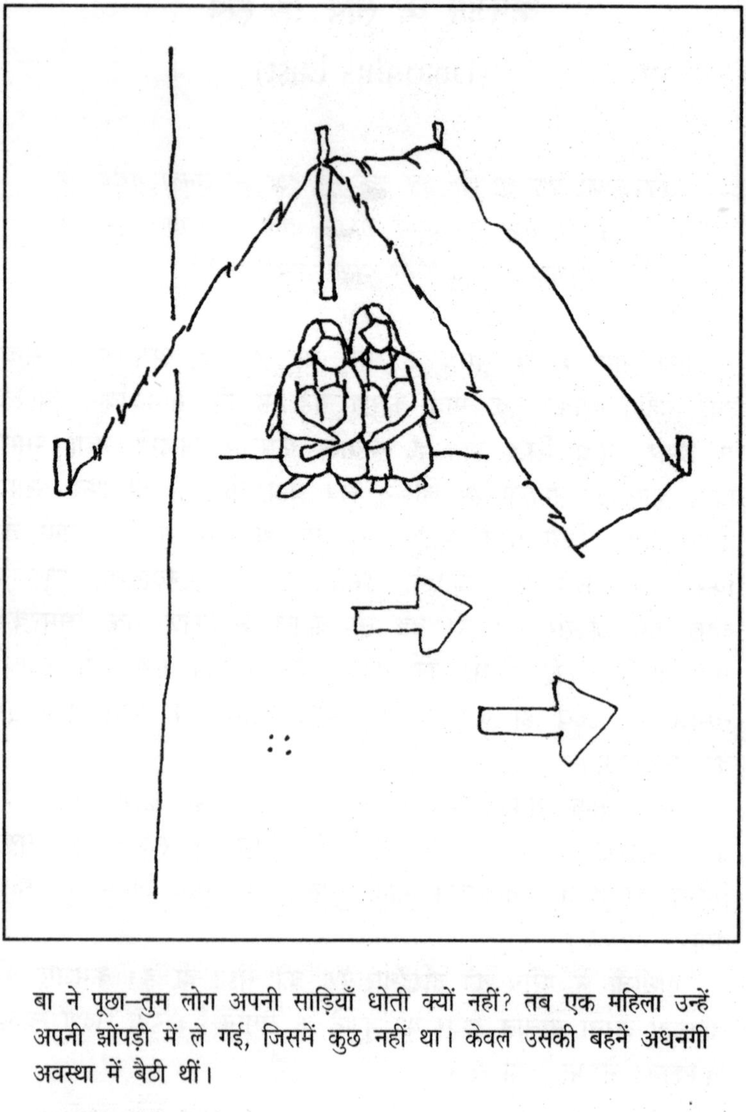

बा ने पूछा—तुम लोग अपनी साड़ियाँ धोती क्यों नहीं? तब एक महिला उन्हें अपनी झोंपड़ी में ले गई, जिसमें कुछ नहीं था। केवल उसकी बहनें अधनंगी अवस्था में बैठी थीं।

उत्तरी बिहार का चंपारण घोर गरीबी से घिरा हुआ प्रदेश था। जमींदारों द्वारा गरीब किसानों का शोषण चरम सीमा पर था। तब वहाँ के एक प्रतिनिधि मंडल ने गांधीजी से मिलकर चंपारण आने हेतु निवेदन किया। वहाँ के गवर्नर ने भी गांधीजी से सहायता मांगी।

गांधीजी ने कस्तूरबा के साथ चंपारण का विस्तृत दौरा किया। महिलाओं की साड़ियाँ मैली-कुचैली थीं।

बा ने पूछा—तुम लोग अपनी साड़ियाँ धोती क्यों नहीं?

तब एक दिन महिला उन्हें अपनी झोंपड़ी में ले गई, जिसमें कुछ नहीं था। केवल उसकी बहनें अधनंगी अवस्था में बैठी थीं।

महिला ने कहा—हम सबके बीच केवल एक ही साड़ी है। जो भी बाहर जाता है, उसे ही पहनकर जाता है। शेष को झोंपड़ी में रुकना पड़ता है। यही हमारी गरीबी है। यदि आप हमें साड़ी देंगी तो हम पहनना तथा धोना दोनों काम कर सकेंगे।

बा ने यह बात गांधीजी को बताई। उन्होंने उन बहनों को तीन साड़ियाँ भेंट कीं। लेकिन इस घटना ने गांधीजी को भीतर तक हिला दिया।

उसी दिन के बाद उन्होंने तय किया कि वे अपनी जरूरत तथा वस्त्र कम करेंगे। गांधीजी ने उसके बाद से कम कपड़े वाली घुटने के ऊपर तक पहनी जानेवाली छोटी धोती को सदा के लिए अंगीकार कर लिया। वे अब लाखों निर्धन, असहाय व कमजोर तबके की जनता के एक हिस्से हो गए।

उनका यह प्रण था कि जब तक मेरे देश की जनता गरीबी से ऊपर उठकर एक सम्मानपूर्वक जीवन जीने के काबिल नहीं हो जाएगी, मैं मात्र एक छोटी-सी धोती पहनूँगा। उन्होंने कमजोर लोगों से जुड़ा अपना यह प्रण मरते दम तक निभाया। यही भाव जब हम अपने जीवन में अपनाएँगे तो हमारा जीवन भी धन्य हो उठेगा।

दीनहि सबको लखत है, दीनहि लखे न कोय,
जो कोई दीनहि लखै, दीनबंधु सम होय।

गांधीजी का सातवाँ सिद्धांत : आस्वाद

रसना यानी जीभ के स्वादरूपी भोग से मुक्ति। स्वाद के मोह से छुटकारा पाए बगैर आत्मसंयम कदापि संभव नहीं।

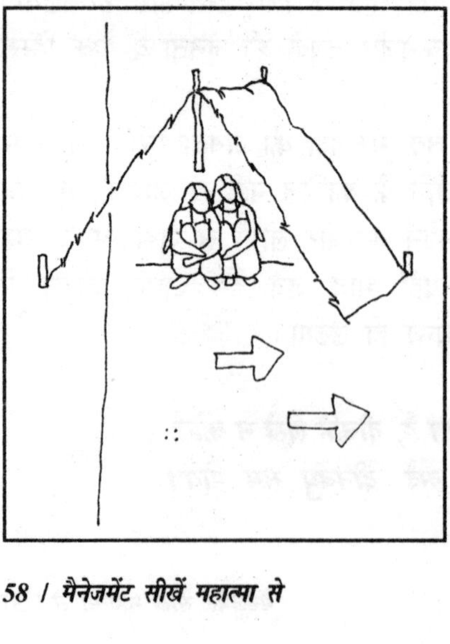

गांधीजी ने गरीब को दरिद्रनारायण की संज्ञा दी। कमजोरों की सहायता करना ईश्वर को पूजने के समान है। यही संदेश स्वामी विवेकानंद ने भी दिया।

हर एक से सीखें
(Learn from Everybody)

सीखने के प्रति दुराग्रह न रखकर हम स्वयं का ही भला करते हैं। अच्छी सीख से हमारा ज्ञान तो बढ़ता ही है, साथ ही दृष्टिकोण भी उदार होता है। दिल और दिमाग खुला रखने से बड़ा कोई लाभ नहीं है।

सीखने की कोई उम्र नहीं होती। हर एक से हर उम्र में कुछ-न-कुछ सीखा जा सकता है बशर्ते उसके लिए मन में जगह हो तथा लगन सच्ची हो। अमूमन अपने को ज्ञानी समझने के झूठे अहंकार के तहत आदमी अपनी बात को तो श्रेष्ठ समझता ही है, दूसरों से कभी कोई सीख न लेने की जिद भी मन में रखता है।

अज्ञान को भी एक शक्ति के रूप में इस्तेमाल कीजिए। इससे आपकी जिज्ञासा के दरवाजे अपने आप खुल जाएँगे तथा ज्ञान की किरणें आपके अंदर प्रवेश कर सकेंगी।

वर्ष 1934 में गांधीजी ने खादी के प्रचार-प्रसार हेतु कर्नाटक स्थित कूर्ग का प्रवास किया। एक जनसभा में गोरम्मा ने अपने गहने इस प्रयोजन हेतु दान किए। इसे देखकर एक दूसरी महिला ने भी अपनी सोने की चूड़ियाँ उन्हें भेंट कर दीं। उसका पति पास खड़ा यह सब देख रहा था।

गांधीजी ने उससे पूछा—क्या तुम सोने की चूड़ियों के इस दान से सहमत हो?

पति ने कहा—हाँ, मैं सहमत हूँ। पत्नी ने चूड़ियाँ मेरी सहमति से दी हैं। मैं अपनी सहमति से कैसे इनकार कर सकता था? आखिरकार चूड़ियाँ तो उसी की थीं न।

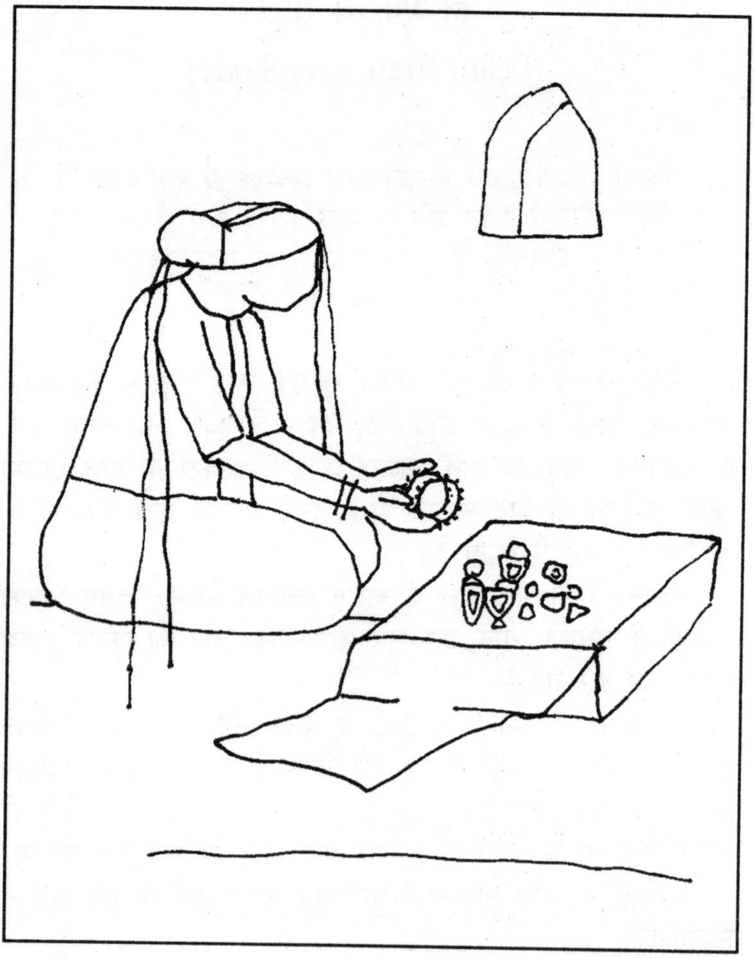

एक दूसरी महिला ने भी अपनी सोने की चूड़ियाँ उन्हें भेंट कर दीं। उसका पति पास खड़ा यह सब देख रहा था।

गांधीजी ने कहा—हर पति इतना बुद्धिमान नहीं होता।

फिर अचानक पूछ लिया—तुम्हारी आयु कितनी है?

पति ने उत्तर दिया—30 वर्ष।

गांधीजी ने कहा—**तुम्हारी उम्र में मैं इतना बुद्धिमान नहीं था। आज मैंने तुमसे देशप्रेम एवं परोपकार की नई इबारत सीखी है।**

सीखने के प्रति दुराग्रह न रखकर हम स्वयं का ही भला करते हैं। अच्छी सीख से हमारा ज्ञान तो बढ़ता ही है, साथ ही दृष्टिकोण भी उदार होता है। दिल व दिमाग खुला रखने से बड़ा अन्य कोई लाभ नहीं है। अच्छी बातें आपके जीवन में बहुत फायदेमंद होती हैं। लोग आपसे परहेज करने के बजाय आपको पसंद करने लगते हैं। यहीं से शुरू होता है सफलता का सफर।

गांधीजी का आठवाँ सिद्धांत : निर्भय

सर्वत्र भय वर्जना। यह वीरोचित गुण है। सत्याग्रह की सफलता की पहली शर्त जीवन में निर्भयता के आचरण का पालन है।

अज्ञान को भी एक शक्ति के रूप में इस्तेमाल कीजिए। इससे आपकी जिज्ञासा के दरवाजे अपने आप खुल जाएँगे तथा ज्ञान की किरणें आपके अंदर प्रवेश कर सकेंगी।

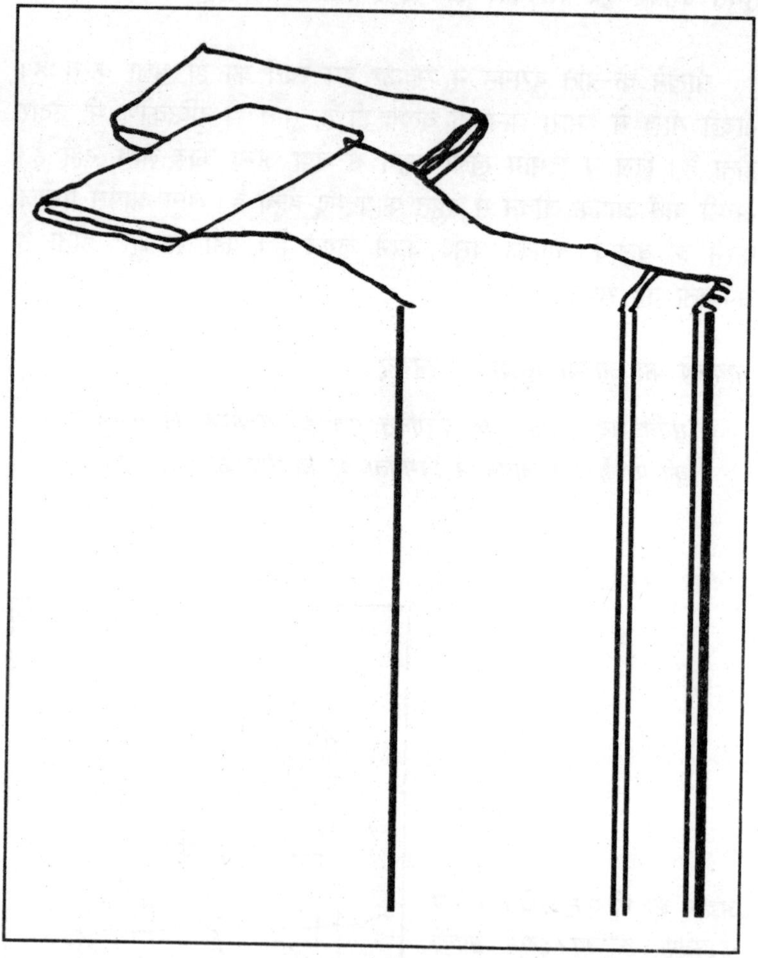

छोटे-से-छोटे आदमी के श्रम की कद्र करना जीवन का वह अनुपम सिद्धांत है जो हमें ऊपर वाले के समीप खड़ा हो सकने में सहायता करता है। हमारे जीवन का एक ध्येय श्रम के प्रति समझ व सम्मान होना चाहिए।

श्रम की करें कद्र

(Respect Hard Work)

काम कितना भी छोटा या बड़ा हो, पर उसे यदि ईमानदारी, लगन एवं निपुणता के साथ किया गया हो तो वह किसी भी उस बड़े काम से, जो असावधानी से कर दिया गया हो, बड़ा ही होता है।

सेवा से बड़ा कोई धर्म नहीं और श्रम से बड़ा कोई कर्म नहीं। श्रम की महिमा अपरंपार है। लगन तथा निष्ठा से किए गए काम की कोई तुलना नहीं। कहा गया है–ईश्वर मंदिर, मस्जिद, रोजा, नमाज, पूजा या अर्चना में नहीं है, बल्कि वह तो किसी गरीब द्वारा मेहनत से बहाए गए पसीने की बूँदों में है। इसलिए काम के आकार या आवरण के फेर में पड़े बगैर छोटे-से-छोटे आदमी के श्रम की कद्र करना जीवन का वह अनुपम सिद्धान्त है जो हमें ऊपर वाले के समीप खड़ा हो सकने में सहायता करता है। हमारे जीवन का एक ध्येय श्रम के प्रति रागझ व सम्मान होना चाहिए।

मैं ढूँढता तुझे था, जब कुंज और वन में,
तू खोजता मुझे था, तब दीन के सदन में।

एक बार गांधीजी इलाहाबाद प्रवास के दौरान आनंद भवन में ठहरे थे। उन्हें हजामत बनाने के लिए नाई की जरूरत पड़ी। जब पुन्नीलाल उनके सामने उपस्थित हुआ तो उन्होंने पूछा–क्या तुम अपना कार्य अच्छी तरह करते हो?

पुन्नीलाल ने मुस्कराकर सहमति जताई।

उसने गांधीजी की दाढ़ी बनाई। गांधीजी ने बातचीत के दौरान उसके परिवार के समाचार जानते हुए पूछा—क्या तुम हमेशा खादी पहनते हो?

नहीं महाशय, यह तो मैंने आज उधार लेकर पहनी है।

गांधीजी को उसकी साफगोई व ईमानदारी बहुत पसंद आई। इस दौरान नेहरूजी के सचिव उपाध्याय ने उन क्षणों की तस्वीर भी कैमरे में कैद कर ली। काम पूरा होते ही पुन्नीलाल ने प्रणाम करते हुए विदाई की आज्ञा चाही।

गांधीजी ने कहा—तुम अपने काम में निपुण हो।

तो फिर मुझे एक सर्टिफिकेट दीजिए—पुन्नीलाल ने कहा।

गांधीजी ने कहा—**तुम अपना काम इतनी अच्छी तरह करते हो कि तुम्हें किसी सर्टिफिकेट की जरूरत ही नहीं।**

पुनः आग्रह किए जाने पर बापू ने लिखा—**भाई पुन्नीलाल ने आज प्रेमपूर्वक तथा मनोयोग से मेरे बाल काटे और वह भी गाँव में अपने हाथों बनाए उस्तरे से। इसके लिए उसने किसी साबुन का उपयोग भी नहीं किया!**

हस्ताक्षर- मो. क. गांधी (23 जनवरी, 1939)

पुन्नीलाल प्रसन्न हो गया। उसे आनन्द भवन की ओर से ईनाम भी दिया गया।

संक्षेप में यह कि काम कितना भी छोटा या बड़ा हो, पर यदि उसे ईमानदारी, लगन व निपुणता के साथ किया गया हो तो वह किसी भी उस बड़े काम से, जो असावधानी से कर दिया गया हो, बड़ा ही होता है। दरअसल काम को बड़ा बनाता है उसे करनेवाला, इसलिए श्रम की कद्र करना सबका पुनीत कर्तव्य है ताकि आदमी उत्साहित होकर पूरी निष्ठा के साथ अपने काम को अंजाम दे सके। श्रम की कद्र ईश्वर की आराधना के तुल्य है।

गांधी उवाच : सच का आचरण

सच के मार्ग पर चलते समय आनेवाली कठिनाइयों का स्वागत करो। वे तुम्हारे अंदर की शक्ति व साहस को दो गुना कर देंगी और तब तुम अधिक संकल्पशक्ति के साथ अपने ध्येय को प्राप्त कर सकोगे।

श्रम से बड़ा कर्म नहीं। श्रम की महिमा अपरंपार है। पूरी लगन और निष्ठा से किए गए श्रम की तुलना किसी से नहीं हो सकती।

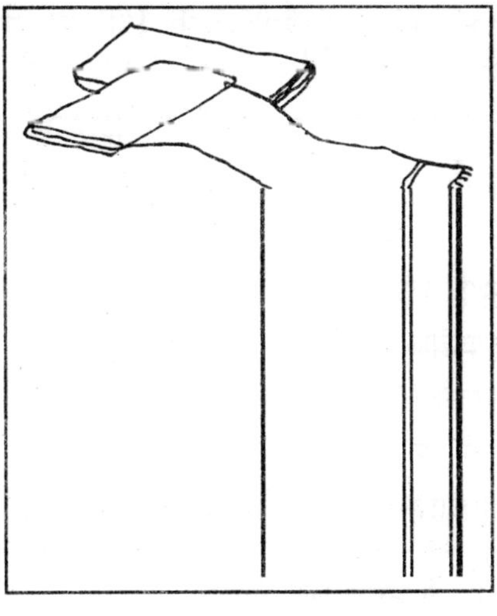

गांधीजी ने कहा–तुम मूर्ख हो। इसे रोमन में लिखकर भेज सकते हो। तुम तो इसी प्रकार कन्नड़ भाषा का उपयोग भी कर सकते हो।

खुद की भाषा पर करें गर्व
(Be Proud of Your Own Language)

आप अपनी भाषा का उपयोग करते हैं तो न केवल अपनी बात ठीक से कह पाते हैं बल्कि उसे समझने में सामने वाले को भी आसानी होती है। भाषा ही वह सेतु है जो आपको तुरंत सामने वाले से जोड़ देता है।

भाषा संवाद का माध्यम है तथा आप जितनी आसानी से अपनी भाषा में बात कह सकते हैं या समझा सकते हैं, वह किसी दूसरे की भाषा में नहीं। गांधीजी ने इस बात को अच्छी तरह समझ लिया था। यही कारण है कि वे अपनी बात जन-जन तक पहुँचाकर इतना बड़ा जन-जागरण कर सके।

हमारा दुर्भाग्य है कि गांधीजी की इन सारगर्भित बातों को हम आज तक नहीं समझ पाए और लॉर्ड मैकाले की शिक्षापद्धति का ढोल गले में लटकाकर आज तक बजा रहे हैं।

मन्नंगी रामानंद ने उत्तरी कर्नाटक स्थित अपने गाँव चंगना कोप्पा में गांधी आश्रम की स्थापना की थी। 1939 में गांधी जयंती के दिन वे बापू से मिले तथा आश्रमवासियों हेतु संदेश का निवेदन किया।

गांधीजी ने कागज का टुकड़ा लिया और उस पर लिखा–**जितनी प्रगति आप लोग सत्य और अहिंसा में करोगे उतनी ही सच्ची प्रगति होगी।**

रामानंद ने कहा–बापू, संदेश अंग्रेजी में दीजिए। मुझे इसे आश्रम टेलीग्राम के माध्यम से भेजना है।

गांधीजी ने कहा–तुम मूर्ख हो। इसे रोमन में लिखकर भेज सकते हो। तुम तो इसी प्रकार कन्नड़ भाषा का उपयोग भी कर सकते हो।

संदेश वैसा ही पहुँचा और सारे आश्रमवासी प्रसन्न हो गए।

इसी तरह एक अन्य प्रसंग बंबई का है। गुजरातियों की सभा थी, जिसे उत्तमलाल त्रिवेदी ने आयोजित किया था। जिन्ना भी इसमें उपस्थित थे। उन्होंने अपना छोटा-सा भाषण अंग्रेजी में दिया। लेकिन जब गांधीजी के बोलने का समय आया तो वे गुजराती में ही बोले। इसका पहला फायदा तो यह हुआ कि वे अपने लोगों से तुरंत जुड़ गए।

अर्थ यह कि जब आप अपनी भाषा का उपयोग करते हैं तो न केवल अपनी बात ठीक से कह पाते हैं बल्कि उसे समझने में सामनेवाले को भी आसानी होती है। भाषा ही वह सेतु है जो आपको तुरंत सामनेवाले से जोड़ देता है। निजी, संस्थागत या सामाजिक जीवन में यह मंत्र आपको सबसे जोड़ने में न केवल सहायता करता है, बल्कि आपकी स्वीकार्यता (Acceptability) को भी बढ़ाता है।

जिसको न निज भाषा निज देश का अभिमान है,
वह नर नहीं, नर पशु निरा है और मृतक समान है।

(राष्ट्रकवि मैथिलीशरण गुप्त)

गांधीजी का नौवाँ सिद्धांत : सर्वधर्म समभाव

बहुभाषी, बहुधर्मी समाज में आपसी प्रेम, सद्भाव व सहयोग अनिवार्य है। एक-दूसरे के धर्म की जानकारी एवं ज्ञान से जो समझ विकसित होती है, वही सुखदायी है।

अपनी भाषा पर गर्व करें और राष्ट्रकवि मैथिलीशरण गुप्त के शब्दों में कहें—जिसको न निज भाषा निज देश का अभिमान है, वह नर नहीं, नर पशु निरा है और मृतक समान है।

सबसे प्यारा देश हमारा

(Love Your Country)

देशप्रेम वास्तव में एक ऐसा भाव है जो हममें लक्ष्य के प्रति असीम ऊर्जा भरता है। हम जो भी काम कर रहे हैं, उसका हमें पैसा तो मिलता ही है, साथ ही देशसेवा का पुण्य भी प्राप्त होता है।

देशभक्ति एक पवित्रतम भाव है। जिस देश की माटी में जन्म लेकर हम पलते, पढ़ते और बड़े होते हैं, उसके प्रति हमारा सबसे अधिक उत्तरदायित्व है। जननी जन्मभूमिश्च स्वर्गादपि गरीयसि अर्थात् जननी तथा जन्मभूमि स्वर्ग से भी महान है।

अब अगर यह सोचा जाए कि जब सारा संसार एक गाँव (Global village) का स्वरूप धारण कर रहा है, तब भला प्रबंधन के क्षेत्र में इसका क्या उपयोग! यह सोच गलत तथा अनुचित है। देशप्रेम वास्तव में एक ऐसा भाव है जो हममें लक्ष्य के प्रति असीम ऊर्जा भरता है। हम जो भी काम कर रहे हैं, उसके लिए हमें पैसा तो मिलता ही है, साथ ही देशसेवा का पुण्य भी प्राप्त होता है। जब ऐसा जज़्बा हमारे मन में उत्पन्न होता है तो न केवल काम के प्रति हमारी लगन व निष्ठा बढ़ जाती है, बल्कि क्षमता, सामर्थ्य व उत्पादकता में भी बढ़ोतरी हो जाती है। काम एक नीरस विषयवस्तु न रहकर ध्येय (Mission) का रूप धारण कर लेता है।

गांधीजी इस बात को अच्छी तरह समझ गए थे। इसलिए अहिंसा,

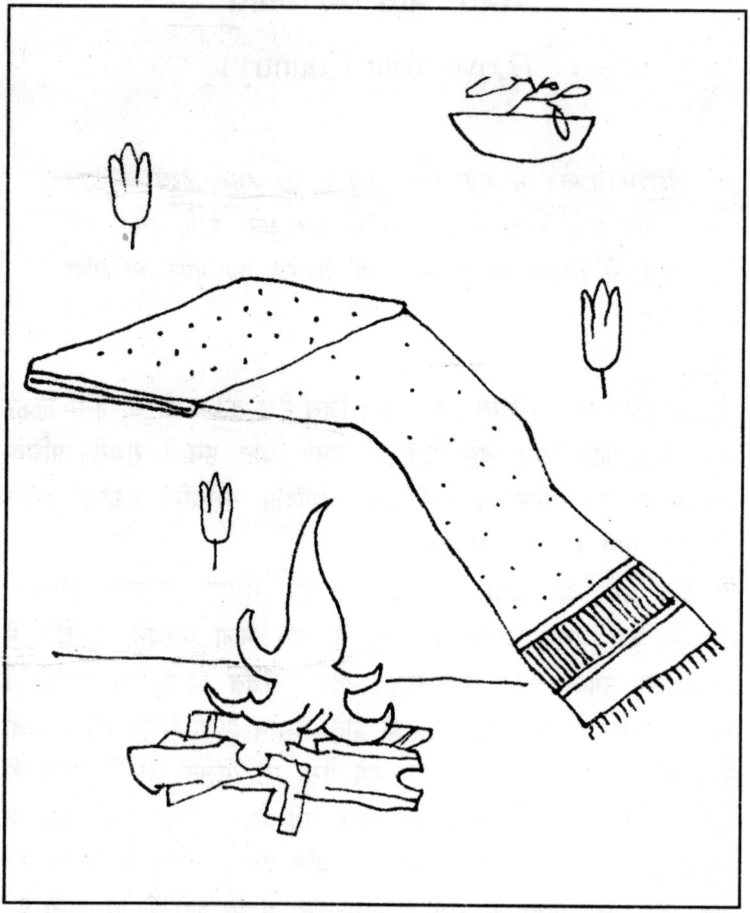

एक दिन सरोजिनी नायडू ने गांधीजी से कहा–बापू, मैंने अपने सारे विदेशी वस्त्र अग्निदेव को समर्पित कर दिए हैं, केवल एक साड़ी को छोड़कर। गांधीजी–उस साड़ी में ऐसी क्या विशेषता है? सरोजिनी नायडू–वह मेरी शादी की साड़ी है। गांधीजी–लेकिन यदि वह विदेशी वस्त्र से बनी है तो उसे भी जला दो, क्योंकि वह भी देश से ऊपर नहीं है।

सत्य, खादी, ग्रामोद्योग आदि सब विषय वस्तुओं को उन्होंने स्वाधीनता-संग्राम के साथ जोड़कर अपने उद्देश्यों को आगे बढ़ाया।

खादी आंदोलन के दौरान गांधीजी को हर शहर में विदेशी वस्त्रों की होली जलाने हेतु आमंत्रित किया जाता था। लोग केवल हाथ से काती गई खादी के मोटे वस्त्रों को पहनने की प्रतिज्ञा करते थे।

एक दिन सरोजिनी नायडू ने गांधीजी से कहा—बापू, मैंने अपने सारे विदेशी वस्त्र अग्निदेव को समर्पित कर दिए हैं, केवल एक साड़ी को छोड़कर।

गांधीजी—उस साड़ी में ऐसी क्या विशेषता है?

सरोजिनी नायडू—वह मेरी शादी की साड़ी है।

गांधीजी—लेकिन यदि वह विदेशी वस्त्र से बनी है तो उसे भी जला दो, क्योंकि वह भी देश से ऊपर नहीं है।

और सरोजिनी नायडू ने वह साड़ी जला दी।

संक्षेप में बात सिर्फ इतनी है कि जिस तरह सारी नदियों का पानी समुद्र में जाता है, उसी तरह हमारे सारे कार्यों का फल अंततोगत्वा देश के खाते में जाता है। नदियों का तो उद्देश्य ही यह है कि वह मार्ग में पड़नेवाली सब जगहों खेत, खलिहान, नागरिकों आदि को अपना जल प्रदान करते हुए अंत में उद्देश्य प्राप्ति के सुख के साथ समुद्र में विलीन हो जाए।

उसी प्रकार हमारे प्रयत्नों का सार भी यही होना चाहिए कि अपने कार्य इतनी निष्ठा, परिश्रम व लगन से करें कि अंततः देश का भला हो। याद रखिए, जिन-जिन देश के नागरिकों में देशसेवा की भावना प्रबल रही, वे देश ही उन्नति कर सके। जापान, चीन, अमेरिका के उदाहरण हमारे सामने हैं। जिस देश के नागरिक काम के प्रति लापरवाह तथा आलसी रहे, वे देश प्रगति की दौड़ में पिछड़ गए।

होते हैं बलिदान कई जब, तब देश खड़ा होता है,
अपने प्राणों से भी बढ़कर देश बड़ा होता है।

गांधीजी का दसवाँ सिद्धांत : स्वदेशी

अपने लोगों द्वारा निर्मित वस्तुओं के उपयोग से न केवल सबका भला होता है, बल्कि देश के लिए प्रतिबद्धता भी जाहिर होती है। इससे रहन-सहन तक सरल व निर्मल हो जाता है।

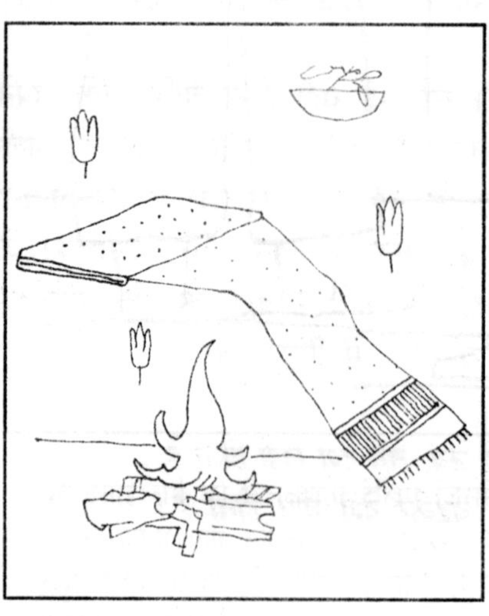

जिस तरह सारी नदियों का जल समुद्र में जाता है, उसी तरह हमारे सारे कर्मों का फल देश के खाते में जाता है।

समय का करें सम्मान

(Value Time Management)

समय के प्रति शत-प्रतिशत ध्यान रखिए। तब आपके तथा सामनेवाले दोनों के श्रम एवं समय की न केवल बचत होगी बल्कि कम समय में अधिकाधिक कार्य संपन्न हो सकेंगे।

जीवन में हमें सफलता सीढ़ी-दर-सीढ़ी मिलती है। अंतिम लक्ष्य तक पहुँचने का मार्ग ही पहली सीढ़ी है। इस पर चढ़ते समय ही यदि आदमी लड़खड़ा जाए या ऊँची कूद द्वारा मंजिल जल्दी हासिल करने का दुस्साहस करे तो उसमें दुर्घटना की संभावना ही अधिक रहती है। समय का सम्मान या उसकी पाबंदी ही सफलता की पहली पायदान है।

कहा भी तो गया है कि जिसने समय का सम्मान नहीं किया, समय ने भी उसे नहीं बख्शा। समय का सदुपयोग वह नुस्खा है जिसका ध्यान करके तथा अपनाकर आप अपनी सफलता सुनिश्चित करते हैं। इसमें लेटलतीफी या हीला-हवाला कतई प्रशंसा के योग्य नहीं है। आपने देखा होगा कि आम तौर पर जो ट्रेन लेट शुरू होती है, उसे अपने गंतव्य तक पहुँचने में और अधिक समय लगता है, क्योंकि तब कई अन्य ट्रेन उससे आगे निकलकर उसके ट्रेक को और धीमा कर देती हैं।

यही बात व्यक्तिगत जीवन में भी लागू होती है। समय की बर्बादी की दशा में अनेक लोग आपसे आगे निकल जाते हैं तथा फिर उस खोए समय की भरपाई करना आपके बस में नहीं रहता।

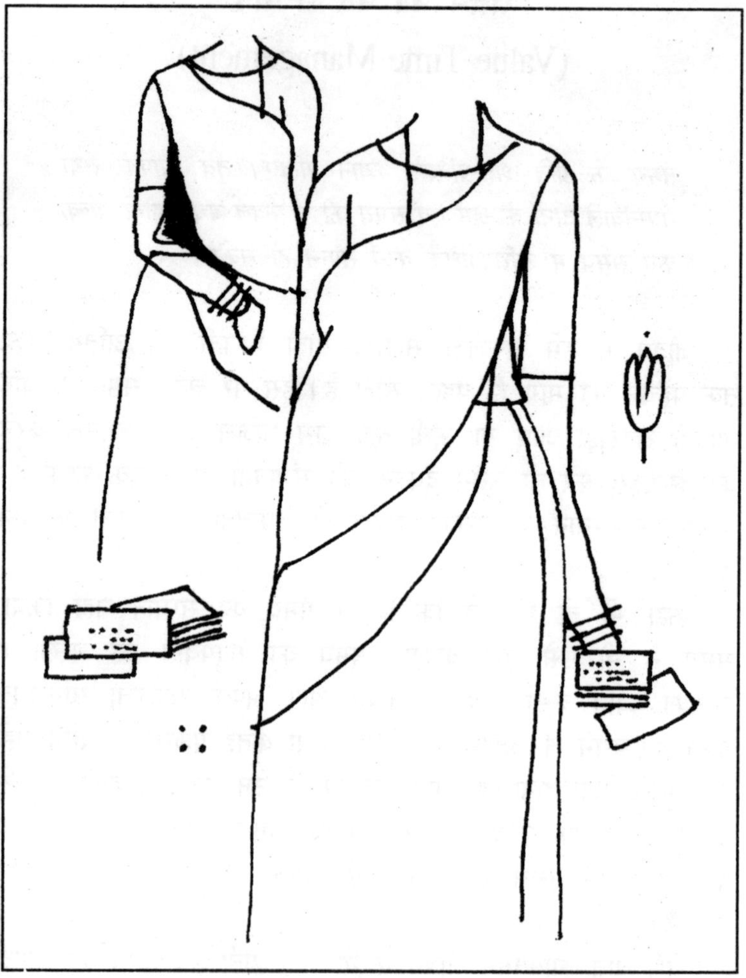

गांधीजी ने पूछा—तुम देरी से क्यों आए? उत्तर मिला—मेरे पास न तो विजिटिंग कार्ड था और न ही मैं साड़ी पहनता हूँ।

हनुमंत राव कौजलगी कर्नाटक प्रदेश के सुप्रसिद्ध खादी व हरिजनसेवक थे। उन्होंने गांधीजी से सेवाग्राम, वर्धा में मिलने हेतु समय मांगा। वे अपने लिए नियत समय 4.00 बजे से 5 मिनट लेट पहुँचे।

गांधीजी ने पूछा–तुम देरी से क्यों आए?

उत्तर मिला–मेरे पास न तो विजिटिंग कार्ड था और न ही मैं साड़ी पहनता हूँ।

क्या मतलब है तुम्हारा?–गांधीजी ने फिर पूछा।

हनुमंतराव ने उत्तर दिया–मैं यहाँ समय पूर्व पहुँच गया था लेकिन आपके स्वयंसेवकों ने मुझे बाहर ही रोक लिया। वे केवल विजिटिंग कार्डधारी अमीरों और महिलाओं को प्रवेश दे रहे थे। मेरे पास चूंकि दोनों नहीं थे, इसलिए मुझे बाहर बैठकर प्रतीक्षा करनी पड़ी, जिसके कारण मैं लेट हो गया। अब मैं क्या करूँ?

बापू जोर से हँस दिए। उन्हें मालूम था कि हनुमंतराव का सेंस ऑफ ह्यूमर बहुत अच्छा था। उस दिन के बाद व्यवस्था में व्यापक सुधार किया गया।

इससे स्पष्ट है कि गांधीजी ने समय की पाबंदी के प्रति समर्पण से आगे होने वाली कई गलतियों में सुधार कर लिया, वरना वही व्यवस्था आगे चलकर भीषण रूप ले सकती थी।

अतः समय के प्रति शत-प्रतिशत और पूरा सम्मान रखिए। तब आपके तथा आपके सामने वाले दोनों के श्रम एवं समय की न केवल बचत होगी, बल्कि कम समय में अधिकाधिक कार्य संपन्न हो सकेंगे। समय की कमी नहीं, समय के प्रति आलस्य हमें मारता है। सफल होना चाहते हैं तो पहले इसे दूर भगाइए।

गांधी उवाच : मौन की शक्ति

मौन की शक्ति असीमित है। यह आपके अंदर न केवल दूसरे की बात सुनकर समझने की शक्ति पैदा करती है, बल्कि आपके लिए आत्मनिरीक्षण के द्वार भी खोलती है। अतः बोलो कम, सुनो ज्यादा।

समय का सदुपयोग वह नुस्खा है जिसका ध्यान करके तथा अपनाकर आप अपनी सफलता सुनिश्चित करते हैं।

बनाए रखें हास-परिहास
(Keep Sense of Humour)

जब आप काम के दौरान गांधीजी के विनोद के तरीके को बनाए रखते हैं तो सारा वातावरण हल्का-फुल्का बना रहता है। लोग कठिनाई के समय में भी तनाव भूल जाते हैं तथा काम में आनंद लेने लगते हैं।

Sense of Humour अंग्रेजी का प्रचलित मुहावरा है। काम के दौरान कठिन-सरल, अच्छी-बुरी सब किस्म की परिस्थितियाँ आती हैं। असली व्यक्तित्व का धनी तो वही है जो अच्छी स्थिति में तो खुश रहे ही, पर विपरीत परिस्थिति में भी संतुलन न खोते हुए अपना हास-परिहास का माद्दा (Sense of Humour) बनाए रखे। इससे वातावरण तो तनावरहित व हल्का-फुल्का रहता ही है, लोग भी आपकी शक्ति व स्वास्थ्य से प्रभावित होकर एक अच्छे वातावरण में कार्य करते हैं।

नेतृत्व का पहला कर्त्तव्य ही यह है कि वह नीलकंठ महादेव के समान हो। समुद्र मंथन के पश्चात् शिव ने अमृत तो दूसरों को बाँटने दिया पर विष खुद ग्रहण किया था। यह प्रबंधन का सबसे पहला सिद्धांत है कि अच्छाई साथियों को दें तथा बुराई खुद अपने सिर पर लें। इससे सहयोगियों का आपमें विश्वास बढ़ता है तथा वे पूरी लगन से आपका साथ देते हैं।

गांधीजी का इस मामले में सेंस बहुत अच्छा था। एक बार वे गुरुदेव रवीन्द्रनाथ ठाकुर के निमन्त्रण पर शान्ति निकेतन पधारे। उनके ठहरने का कमरा विशेष रूप से सजाया गया था।

एक बार वे गुरुदेव रवीन्द्रनाथ ठाकुर के निमंत्रण पर शांति निकेतन पधारे। उनके ठहरने का कमरा विशेष रूप से सजाया गया था। गांधीजी ने पूछा– किसने सजाया है इसे? ऐसा लगता है, जैसे इसकी सज्जा हनीमून जैसी की गई है। गुरुदेव बोले–बापू, याद रखें, अब आप कवि के हाथों में हैं। गांधी–ठीक है, तो मुझे बताओ, दुलहन कहाँ है?

गांधीजी ने पूछा–किसने सजाया है इसे? ऐसा लगता है, जैसे इसकी सज्जा हनीमून जैसी की गई है।

गुरुदेव बोले–बापू, याद रखें, अब आप कवि के हाथों में हैं।

गांधी–ठीक है, तो मुझे बताओ, दुलहन कहाँ है?

गांधीजी का परिहास देखकर हर उपस्थितजन जोर से हँस पड़ा, खास तौर पर महिलाएँ।

टैगोर–आपके स्वागत की प्रतीक्षा में चिरकुमारी शांति निकेतन खुद है।

गांधी–सही कहा आपने। पर मैं दंतविहीन वृद्ध पुरुष हूँ। वह कैसे मुझे पसंद करेगी और उसके मन में मेरे लिए कैसे प्रेम उमड़ पाएगा?

टैगोर–शांति निकेतन सत्य की पुजारी है तथा उसका हृदय बहुत विशाल है?

गांधी–तो क्या आप सोचते हैं कि यह बूढ़ा दूसरी शादी की आस रख सकता है?

गांधीजी व गुरुदेव के इस हास-परिहास से संपूर्ण शांति निकेतन का वातावरण आह्लादकारी और खुशनुमा हो गया।

ऐसा था गांधी के विनोद का तरीका।

याद रखिए, जब आप काम के दौरान इस कला को बनाए रखते हैं तो सारा वातावरण हल्का-फुल्का बना रहता है। लोग कठिनाई के समय में भी तनाव भूल जाते हैं तथा काम में आनंद लेने लगते हैं। विनोदपूर्ण वातावरण व मानसिकता के रहते काम सरल तथा खेल के समान आनंददायक हो जाता है।

एक अच्छे स्वस्थ परिवेश में काम करने में जो आनंद है, वह अन्यत्र कहीं नहीं। यह सहयोगियों में उत्साह व उमंग का संचार तो करता ही है, साथ ही उनकी काम करने की क्षमता, सामर्थ्य और परिणाम को भी कई गुना बड़ा कर देता है।

गांधीजी का ग्यारहवाँ सिद्धान्त : स्पर्श भावना

यह मूलतः हिंदुओं के लिए है, जिनमें यह सामाजिक कुरीति घर कर गई है। इसके निवारण के अभाव में सारी भौतिक प्रगति बेमानी तथा दिशाहीन है। इसे जड़-मूल से उखाड़ फेंके बगैर कोई तरक्की संभव नहीं है।

हास-परिहास से वातावरण तनाव-रहित और हल्का-फुल्का रहता है। लोग आपकी शक्ति और स्वस्थता से प्रभावित होकर प्रसन्न मन से काम करते हैं।

मजाक न उड़ाएँ दूसरों का
(Don't Ridicule Others)

खुद की प्रशंसा तथा दूसरों का मजाक उड़ाने की आदत निंदनीय है। हल्की-फुल्की आलोचना या मजाक स्वस्थ हो तो ठीक माना भी जा सकता है, पर जिसके मूल में लोगों को नीचा दिखाने की प्रवृत्ति हो, उसे कैसे उचित ठहराया जा सकता है?

जीवन में खुद की तारीफ व दूसरों की निंदा आम तौर पर सबको सुख देती है। आदमी मूलतः बड़ा स्वार्थी तथा खुदगर्ज होता है। अपनी छोटी-से-छोटी अच्छाई जहाँ एक ओर बड़ी करके देखता है, वहीं दूसरी ओर दूसरों की बड़ी-से-बड़ी अच्छाई न केवल छोटी करके देखता है, बल्कि उनमें चुन-चुनकर कमियाँ ढूँढता है तथा फिर उन्हें बड़े करने वाले लैंस (Magnifying Glass) की सहायता के बगैर ही बड़ी करके सामने वाले को नीचा दिखाने की कोशिश में स्वयं को धन्य मानता है।

इस मनोवृत्ति को परपीड़न (Sadism) भी कहा जाता है यानी जब आदमी अपने सुख के बजाय दूसरे के दुख में अपना सुख ढूँढने लगता है। यह भाव उसे पतन के मार्ग पर ले जाता है। खुद की तारीफ तथा दूसरों का मजाक उड़ाने की आदत निंदनीय है। हाँ, हल्की-फुल्की आलोचना या मजाक स्वस्थ हो तो ठीक माना भी जा सकता है, पर जिसके मूल में लोगों को नीचा दिखाने की प्रवृत्ति हो, उसे कैसे उचित ठहराया जा सकता है? कहा गया है कि सबसे बड़ा मजाक तो वह है जो आदमी खुद पर कर

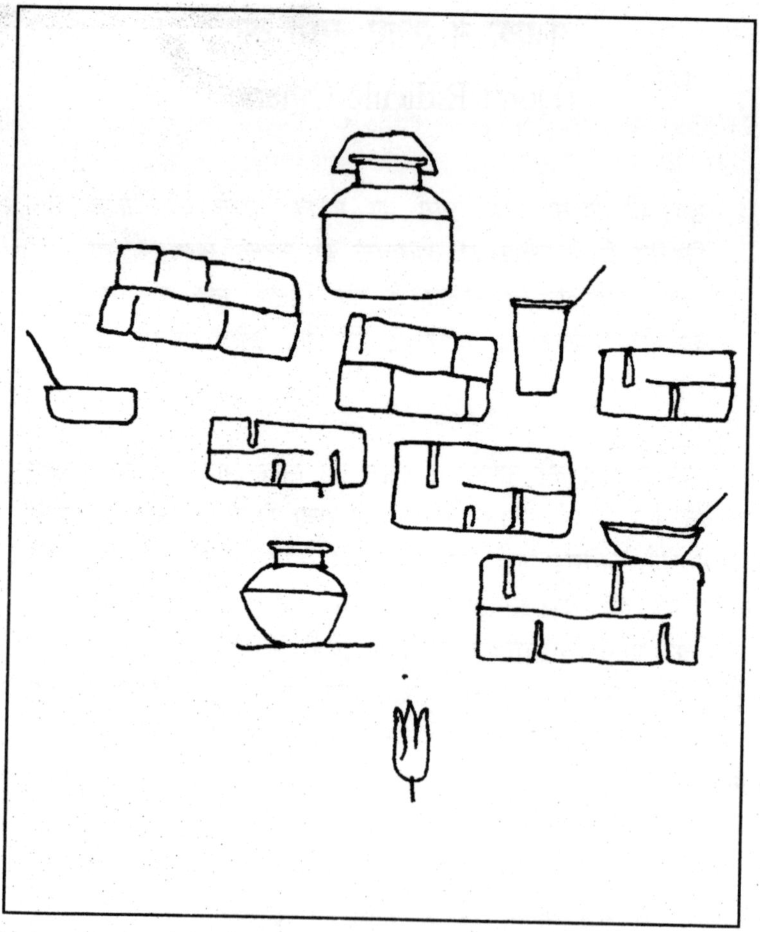

शंकर ने गांधीजी से शिकायत की। वे हँस दिए तथा कहा—मूर्ख, बिलकुल ठीक हुआ। तुम हमेशा हम लोगों का कार्टूनों द्वारा मजाक बनाते हो। आज तुम्हें अपने किए का दंड मिला।

सके। लेकिन उसके लिए खुद के अंदर झाँक सकने का साहस तथा बड़ा दिल होना चाहिए।

वर्धा में कांग्रेस कार्य समिति की बैठक चल रही थी, जिसमें नेहरू, पटेल, राजाजी सब उपस्थित थे। जमनालाल बजाज इसके मेजबान थे।

भोजन के समय केले के पत्ते आहार हेतु सजाए जाने थे। वहीं पर सुप्रसिद्ध कार्टूनिस्ट शंकर अपना कार्य कर रहे थे। जमनालाल ने उनसे वह स्थान खाली कर प्रेस के लिए नियत स्थान पर जाने को कहा।

शंकर को इसमें अपना अपमान महसूस हुआ। वे वहाँ से चले गए तथा केवल केले व मूंगफली खाकर अपना गुजारा किया।

बाद में किसी ने उनसे कारण पूछा। कारण बताए जाने पर नेहरू, पटेल, राजाजी आदि ने सहानुभूति जताई तथा कहा कि यह बजाज की गलती थी। यहाँ तक कहा गया कि मारवाड़ी बंधुओं को भारतीय संस्कृति का कोई ज्ञान नहीं है। उन्हें तो केवल पैसा प्यारा है।

शंकर ने गांधीजी से शिकायत की। वे हँस दिए तथा कहा–मूर्ख, बिलकुल ठीक हुआ। तुम हमेशा लोगों का कार्टूनों द्वारा मजाक बनाते हो। आज तुम्हें अपने किये का दंड मिला।

शंकर गांधीजी की बात सुन आश्चर्यचकित रह गए। बाद में उन्होंने यही पूरा प्रसंग उनके सहयोगी श्री एस.एन. सुब्बाराव को सुनाया।

अतएव स्पष्ट है कि गांधी ने अपनी बात मजाक में कहते हुए शंकर को पते की दो बातें कह दीं। प्रथम तो यह कि दूसरों का मजाक उड़ाते समय हमें यह ध्यान में रखना चाहिए कि एक न एक दिन हमें भी सेर पर सवा सेर मिल सकता है तथा दूसरा यह कि दूसरों का मजाक बनाते समय हममें भी दूसरों से प्राप्त मजाक को सहन करने की शक्ति तथा साहस होना चाहिए।

गांधी उवाच : तीन बंदर का सिद्धांत

* *बंद आँख : बुरा न देखो*
* *बंद मुँह : बुरा न बोलो*
* *बंद कान : बुरा न सुनो*

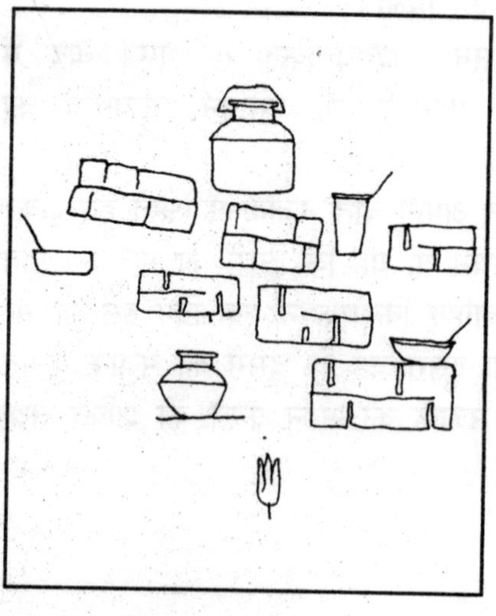

दूसरों का मजाक बनाते समय दूसरों से मिले मजाक को सहन करने के लिए भी तैयार रहना चाहिए।

कर्त्तव्य के प्रति रहें गंभीर

(Be Serious Towards Your Duty)

गलती तथा उसमें सुधार हमारी आत्मा को पवित्र करते हुए आगे के लिए फर्ज के मार्ग पर चलने का संदेश देती है। आचरण की यह दृढ़ता किसी भी परिस्थिति पर विजय प्राप्त करने का साहस देती है।

कर्त्तव्य की भाषा से हम सब परिचित हैं, लेकिन उसकी गंभीरता के प्रति कई बार सचेत नहीं रह पाते। कर्त्तव्यपालन में भूलों के प्रति हमारा दृष्टिकोण उदार हो जाता है, जो कि कदापि उचित नहीं। कर्त्तव्य लक्ष्यप्राप्ति का एक मात्र साधन है तथा उसके प्रति थोड़ी-सी भी लापरवाही क्षमा के योग्य नहीं है। क्योंकि यही लापरवाही आगे चलकर आदत का एक स्थायी अंग बन जाती है, जो आखिर में नुकसानदेह होती है।

यदि आप कर्त्तव्यपालन में पूरी तरह गंभीर हैं तो याद रखिए, आपसे कभी चूक नहीं होगी। केवल उसमें गंभीरता की कमी ही 'भूल-चूक लेनी-देनी' वाली स्थिति को उपजाती है।

कस्तूरबा के निधन के उपरांत गांधीजी के साथ उनकी पोती मनु साथ रहते हुए उनका ख्याल रखा करती थी। वर्ष 1947 में वे सांप्रदायिकता से ग्रस्त नोआखाली के प्रवास पर थे। हिंदू-मुस्लिम सभी को वे आपसी सौहार्द तथा प्रेम का पाठ पढ़ा रहे थे।

एक दिन स्नान के दौरान उन्हें शरीर को रगड़कर साफ करने वाला अपना पत्थर नहीं मिला। यह पत्थर मीरा बेन ने गांधीजी को भेंट

मनु अकेले ही उस गाँव गई। एक महिला की मदद से पत्थर को ढूँढा तथा सुबह-सबेरे पैदल चलकर नारायणपुर लौटी। वह थकी-हारी तथा भूखी थी। गांधीजी की गोद में गिरकर खूब रोई।

किया था। मनु को याद आया कि वह तो पिछले गाँव में ही छूट गया था।

बापू ने कहा—मनु, यह तुम्हारी गलती है। इसलिए वापिस जाओ और उसे लेकर आओ।

मनु ने कहा—यहाँ कई स्वयंसेवक हैं। क्या मैं उनमें से एक को ले जा सकती हूँ?

बापू ने साफ इनकार कर दिया। मनु अकेले ही उस गाँव गई। एक महिला की मदद से पत्थर को ढूँढा तथा सुबह-सबेरे पैदल चलकर नारायणपुर लौटी। वह थकी-हारी तथा भूखी थी। गांधीजी की गोद में गिरकर खूब रोई।

गांधीजी ने कहा—**तुम परीक्षा में सफल रहीं। मैंने तुम्हें साहस एकत्र करने को कहा। तुम डर जातीं तो हार जातीं। तुम अब भी वापिस जा सकती हो। उस पत्थर को धन्यवाद, जिसने तुम्हें कर्त्तव्य के प्रति गंभीरता का पाठ पढ़ाया। मैं अपनी खुशी शब्दों में जाहिर नहीं कर सकता। पिछले 25 वर्षों से मैं जेल में रहूँ या राजमहल में, यह पत्थर मेरा साथी रहा है। इससे मेरा भावात्मक लगाव है।**

बात का सारांश यह है कि यदि कर्त्तव्य के मार्ग में हमसे छोटी-सी भूल भी हो जाए तो उसे तुरंत सुधार लेना चाहिए। इससे आगे गलती की गुंजाइश समाप्त हो जाती है। गलती तथा उसमें सुधार हमारी अंतरात्मा को पवित्र करते हुए आगे के लिए फर्ज के मार्ग पर चलने का संदेश देती है। आचरण की यह दृढ़ता किसी भी परिस्थिति पर विजय प्राप्त करने का साहस प्रदान करती है।

गांधी उवाच : भोग से मुक्ति

जितना ज्यादा मिलता जाता है, लालच या लोभ का विस्तार उससे दुगुनी गति से होता है। यह ईश्वरप्राप्ति के मार्ग में सबसे बड़ा अवरोध है।

बापू ने कहा—उस पत्थर को धन्यवाद, जिसने तुम्हें कर्त्तव्य के प्रति गंभीरता का पाठ पढ़ाया। मैं अपनी खुशी शब्दों में जाहिर नहीं कर सकता।